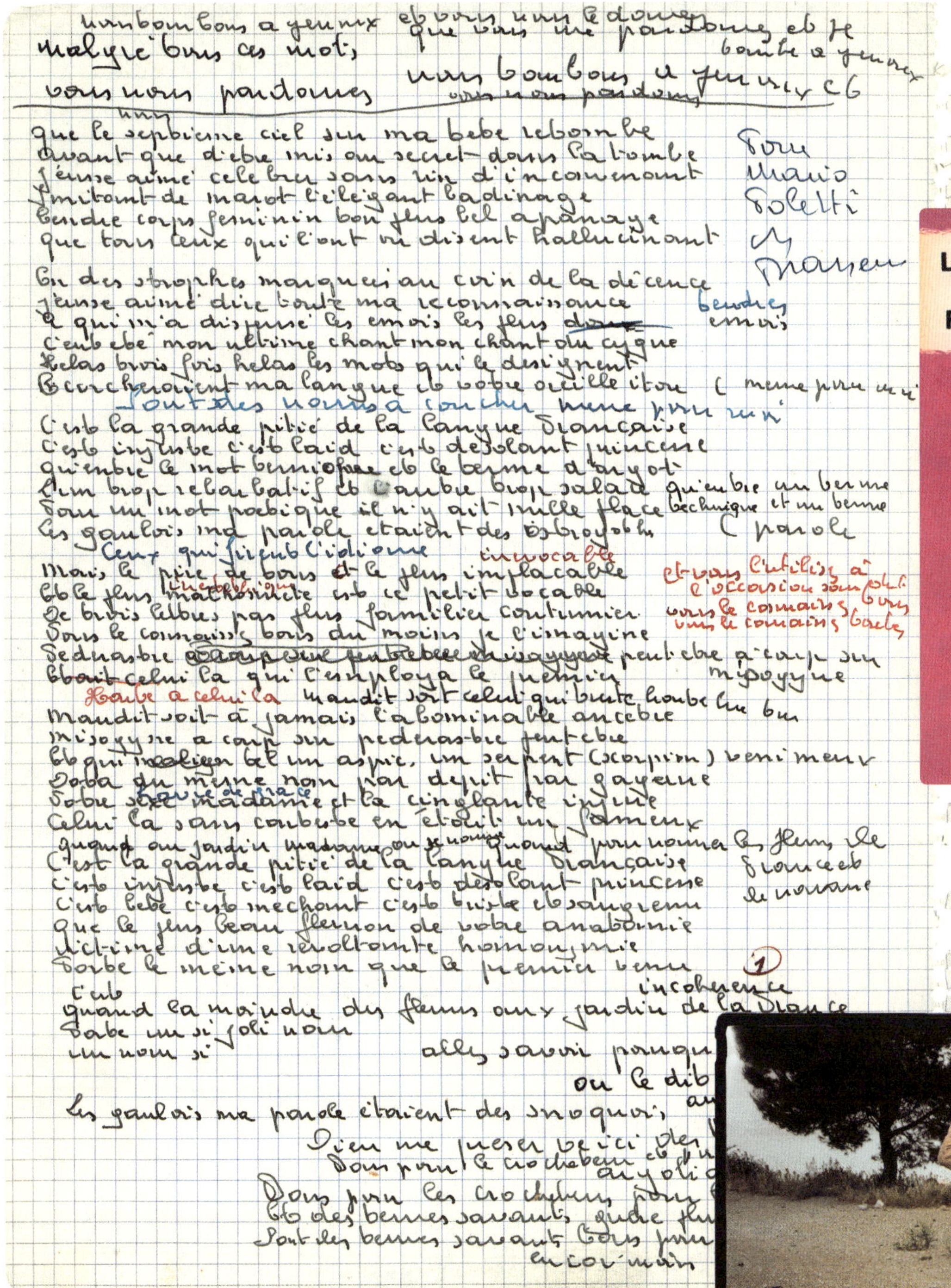
que le septième ciel sur ma tête retombe
Avant que d'être mis au secret dans la tombe
J'eusse aimé célébrer sans être inconvenant
Imitant de Marot l'élégant badinage
Tendre corps féminin ton plus bel apanage
que tous ceux qui l'ont vu disent hallucinant

En des strophes marquées au coin de la décence
J'eusse aimé dire toute ma reconnaissance
à qui m'a dispensé les émois les plus doux
C'eût été mon ultime chant mon chant du cygne
Hélas trois fois hélas les mots qui le désignent
Écorcheraient ma langue et votre oreille itou

C'est la grande pitié de la langue française
C'est injuste c'est laid c'est désolant princesse
qu'entre le mot technique et le terme d'argot
L'un trop rébarbatif et l'autre trop salace
Pour un mot poétique il n'y ait nulle place
Les gaulois ma parole étaient des ostrogoths

Mais le pire de tous et le plus implacable
Le plus malhonnête est ce petit vocable
Vous le connaissez tous du moins je l'imagine

Maudit soit à jamais l'abominable ancêtre
misogyne à coup sûr pédéraste peut-être
Votre sexe madame et la cinglante injure
Celui-là sans conteste en était un fameux

C'est la grande pitié de la langue française
C'est injuste c'est laid c'est désolant princesse
C'est bête c'est méchant c'est triste et saugrenu
que le plus beau fleuron de votre anatomie
Victime d'une révoltante homonymie
Porte le même nom que le premier venu

quand la mode des fleurs aux jardins de la France
Porte un si joli nom

les gaulois ma parole étaient des snoquers

Pour Mario Poletti
G. Brassens

Brouillon dédicacé de la chanson *Le Blason.*

Georges au mont Saint-Clair, à Sète.

À Lézardrieux
avec Éric Battista.

« L'amitié ne demande rien en échange juste un peu d'entretien.

Georges Brassens

Deux complices,
dans les années 60.
25 ans de complicité.

« Je vous prêcherai éternellement ce respect pour la langue, cette liaison, cette suite d'idées, cet air aisé, ce naturel qui est le fruit de l'art et cette apparence de facilité qu'on ne doit qu'au travail. Un mot hors de sa place gâte la plus belle pensée. »

VOLTAIRE, *Lettre à Helvétius*

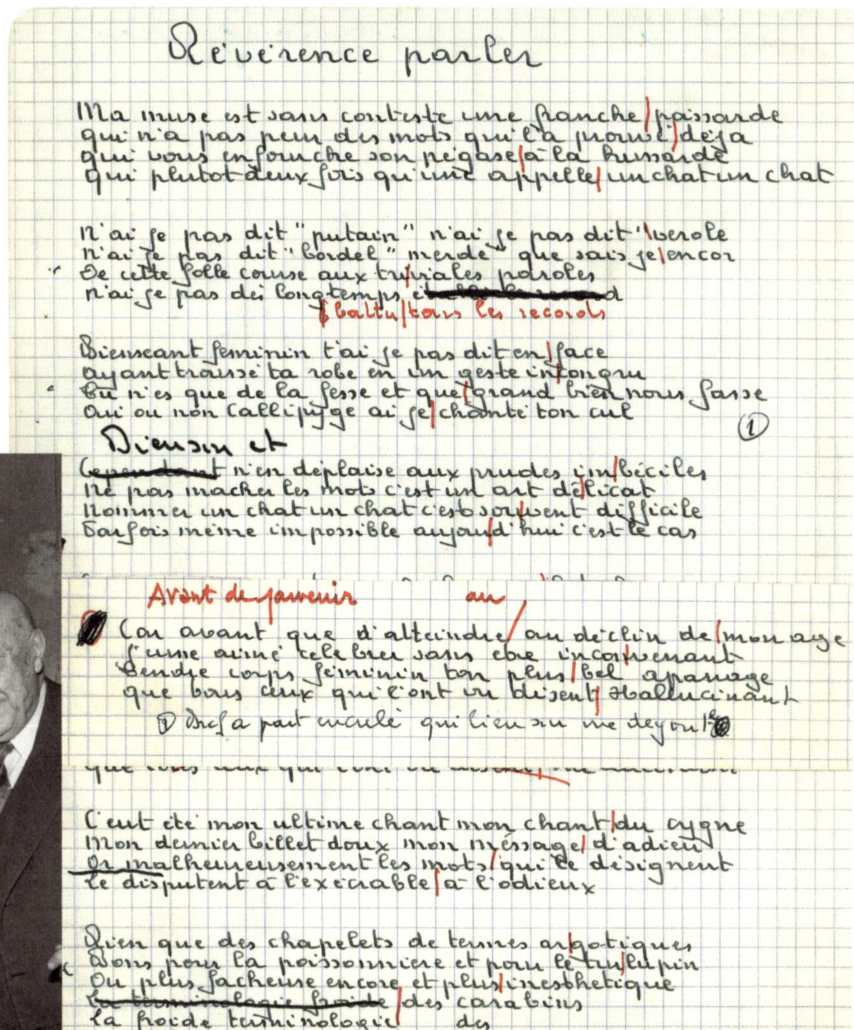

Révérence parler

Ma muse est sans conteste une franche/ poissarde
qui n'a pas peur des mots qu'il a prouvé/ déjà
qui vous enfourche son pégase/ à la hussarde
qui plutôt deux fois qu'une appelle/ un chat un chat

N'ai-je pas dit "putain" n'ai-je pas dit "/ vérole
n'ai-je pas dit "bordel" merde" que sais-je/ encor
De cette folle course aux tri/viales paroles
n'ai-je pas dès longtemps
battu/ tous les records

Bienséant féminin t'ai-je pas dit en/ face
ayant troussé ta robe en un geste in/congru
Tu n'es que de la fesse et que/ grand bien nous fasse
Oui ou non callipyge ai-je/ chanté ton cul ①

Dieu sait et
~~Cependant~~ n'en déplaise aux prudes im/béciles
Ne pas mâcher les mots c'est un art dé/licat
Nommer un chat un chat c'est sou/vent difficile
Parfois même impossible aujour/d'hui c'est le cas

Avant de parvenir au
Car avant que d'atteindre/ au déclin de/ mon âge
J'eusse aimé célébrer sans être incon/venant
Tendre corps féminin ton plus/ bel apanage
que tous ceux qui l'ont vu disent/ hallucinant

C'eût été mon ultime chant mon chant/ du cygne
Mon dernier billet doux mon message/ d'adieu
Or malheureusement les mots/ qui le désignent
le disputent à l'exécrable/ à l'odieux

Rien que des chapelets de termes ar/gotiques
Bons pour la poissonnière et pour le tur/lupin
Ou plus fâcheuse encore et plus/ inesthétique
~~la terminologie froide~~/ des carabins
la froide terminologie/ des

UN DES MULTIPLES BROUILLONS DE LA CHANSON *Le Blason*.

GALA PAUL FORT AVEC JEAN COCTEAU ET JACQUES HÉBERTOT

La famille
Brassens

De gauche à droite : sa mère Elvira Dagrosa, sa grand-mère maternelle Marie-Augusta Dolce, sa demi-sœur Simone, son grand-père paternel Jules Brassens et sa grand-mère paternelle Marguerite Tuffery.

Jules, que l'on retrouve à gauche, avait un caractère bien trempé : doutant de l'existence d'une tour de 300 mètres à Paris, il fut invité dans la capitale. Planté devant l'évidence, pour ne pas perdre la face, il déclara : « Ils auraient pu la construire ailleurs ! »

À gauche, le père de Georges en 1916.

Ses parents, Elvira et Louis.

Georges à Paris, à l'Exposition coloniale de 1937, avec sa tante Antoinette, sœur de sa mère.

Elvira à Sète, dans les années 50. Le marchand de journaux ambulant diffusait des chansons osées de Georges pendant sa tournée. Sa mère insista alors pour qu'il remplace *Le Gorille* et *Putain de toi* par *La Chasse aux papillons* et *Le Petit Cheval* !

Simone, demi-sœur de Georges, en 1941. Quand Simone passait devant les copains de Brassens, à Sète, l'un d'eux, Roger Abat, déclarait : « Ta sœur, elle ne marche pas, elle défile ! » Lorsqu'il nous rappelait cette anecdote, Georges renchérissait : « C'est vrai qu'elle était bandante, ma sœur ! »

Elvira et Louis Brassens avec leur petit-fils, Serge Cazzani, dans les années 50. (Georges est déjà en photo au mur !)

Elvira.

Püpchen, Aline Battista et Simone,
la demi-sœur de Georges, à Sète.

En 1984, lors des
Journées internationales
Georges Brassens
à Sète : à gauche, Jacques
Caillard, directeur
de Philips, et au centre,
Serge Cazzani, le neveu
de Georges.

apporté

On avait ~~emmené~~ quelques litres aussi
Car le bonhomme avait la fièvre de Bercy
Et quoique à sa pendule il fut déjà bien tard
Jamais il ne boudait un verre de nectar
[y avait bien au sec aux] [y avait des] [et les Chinon] [Margaux]
~~Saumur entre deux vins~~ Beaujolais Marsala
Tous les plus fameux crus de la vigne étaient là
Pour lui permettre d'entonner
[le coup de l'étrier le vin du condamné]
Le petit verre du condamné
[Pour lui rincer le gosier une dernière]
Hélas les carabins ne ~~nous~~ [les] ont pas reçu
Les litres sont restés à la porte cochère
Le coup de l'étrier de l'ancêtre déçu
Ce fut [grand] un verre d'eau ~~minérale~~ [bénite] peuchère

quand nous serons ancêtres
Du côté de Bicêtre
Ne nous faites pas boire oh non
De ces eaux minérales
Bénites ou lustrales
Mais du bon vin crénom de nom

Pour Mario Poletti
G Brassens

La tombe d'un buveur sa femme préférée

afin qu'il emportât dans la plaine éthérée
de son instrument préféré
instrument favori
breuvage favori ~~le coup de l'étrier~~

~~Pour~~
De faire encor cul sec une dernière fois,
afin que le bonhomme en guise de viatique

Brouillon dédicacé de la chanson *L'Ancêtre.*

Enterrement
du père
de Brassens
le 28 mars 1965.

Sète

l'enfance

En 1932, Georges pose avec sa grand-mère paternelle pour sa communion solennelle.

À Sète. Georges, songeur, rêve-t-il déjà de Paris ?

et l'adolescence

Une jeunesse heureuse

Cassette de Ray Ventura, Fred Adison et Charles et Johnny que le jeune Brassens appréciait fort.

« Quand Ray Ventura se produisait à Sète, j'aurais délaissé la plus belle fille du monde pour aller écouter l'orchestre ! »

Avec Raymonde Laville.

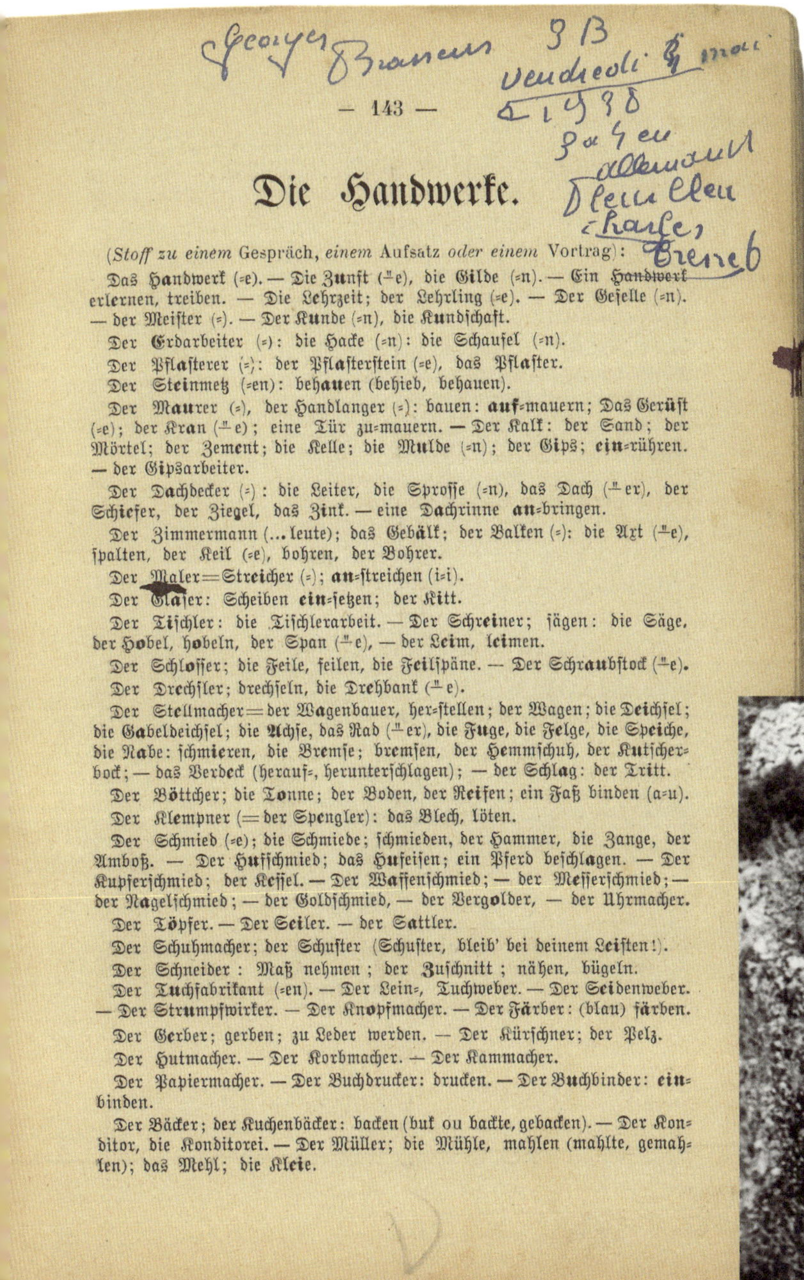

Georges Brassens 3B
vendredi 6 mai 1938
3 à 4 en allemand
Fleur bleue
Charles Trenet

— 143 —

Die Handwerke.

(*Stoff zu einem* Gespräch, *einem* Aufsatz *oder einem* Vortrag):

Das **Handwerk** (-e). — Die **Zunft** (¨e), die **Gilde** (-n). — Ein ~~Handwerk~~ erlernen, treiben. — Die Lehrzeit; der Lehrling (-e). — Der Geselle (-n). — der Meister (-). — Der **Kunde** (-n), die **Kundschaft**.

Der Erdarbeiter (-): die Hacke (-n): die Schaufel (-n).

Der Pflasterer (-): der Pflasterstein (-e), das Pflaster.

Der Steinmetz (-en): behauen (behieb, behauen).

Der Maurer (-), der Handlanger (-): bauen: **auf**-mauern; Das Gerüst (-e); der Kran (¨e); eine Tür zu-mauern. — Der Kalk: der Sand; der Mörtel; der Zement; die Kelle; die Mulde (-n); der Gips; **ein**-rühren. — der Gipsarbeiter.

Der Dachdecker (-): die Leiter, die Sprosse (-n), das Dach (¨er), der Schiefer, der Ziegel, das Zink. — eine Dachrinne **an**-bringen.

Der Zimmermann (...leute); das Gebälk; der Balken (-): die Axt (¨e), spalten, der Keil (-e), bohren, der Bohrer.

Der Maler = Streicher (-); **an**-streichen (i-i).

Der Glaser: Scheiben **ein**-setzen; der Kitt.

Der Tischler: die Tischlerarbeit. — Der Schreiner; sägen: die Säge, der Hobel, hobeln, der Span (¨e), — der Leim, leimen.

Der Schlosser; die Feile, feilen, die Feilspäne. — Der Schraubstock (¨e).

Der Drechsler; drechseln, die Drehbank (¨e).

Der Stellmacher = der Wagenbauer, her-stellen; der Wagen; die Deichsel; die Gabeldeichsel; die Achse, das Rad (¨er), die Fuge, die Felge, die Speiche, die Nabe: schmieren, die Bremse; bremsen, der Hemmschuh, der Kutscherbock; — das Verdeck (herauf-, herunterschlagen); — der Schlag: der Tritt.

Der Böttcher; die Tonne; der Boden, der Reifen; ein Faß binden (a-u).

Der Klempner (= der Spengler): das Blech, löten.

Der Schmied (-e); die Schmiede; schmieden, der Hammer, die Zange, der Amboß. — Der Hufschmied; das Hufeisen; ein Pferd beschlagen. — Der Kupferschmied; der Kessel. — Der Waffenschmied; — der Messerschmied; — der Nagelschmied; — der Goldschmied, — der Vergolder, — der Uhrmacher.

Der Töpfer. — Der Seiler. — der Sattler.

Der Schuhmacher; der Schuster (Schuster, bleib' bei deinem Leisten!).

Der Schneider: Maß nehmen; der Zuschnitt; nähen, bügeln.

Der Tuchfabrikant (-en). — Der Lein-, Tuchweber. — Der Seidenweber. — Der Strumpfwirker. — Der Knopfmacher. — Der Färber: (blau) färben.

Der Gerber; gerben; zu Leder werden. — Der Kürschner; der Pelz.

Der Hutmacher. — Der Korbmacher. — Der Kammacher.

Der Papiermacher. — Der Buchdrucker: drucken. — Der Buchbinder: **ein**-binden.

Der Bäcker; der Kuchenbäcker: backen (buk ou backte, gebacken). — Der Konditor, die Konditorei. — Der Müller; die Mühle, mahlen (mahlte, gemahlen); das Mehl; die Kleie.

En 1938, en classe de 3e, Brassens étudie l'allemand, mais il semble déjà très intéressé par la chanson *Fleur bleue* de Charles Trenet !

Georges

PREMIER MICROSILLON 25 CM, 1952-1953.

nourrissait un vif intérêt pour Oscar Wilde, ses romans, son théâtre et, en particulier, pour *La Ballade de la prison de Reading*, qu'il récitait souvent par cœur et dont il a recopié certains passages.

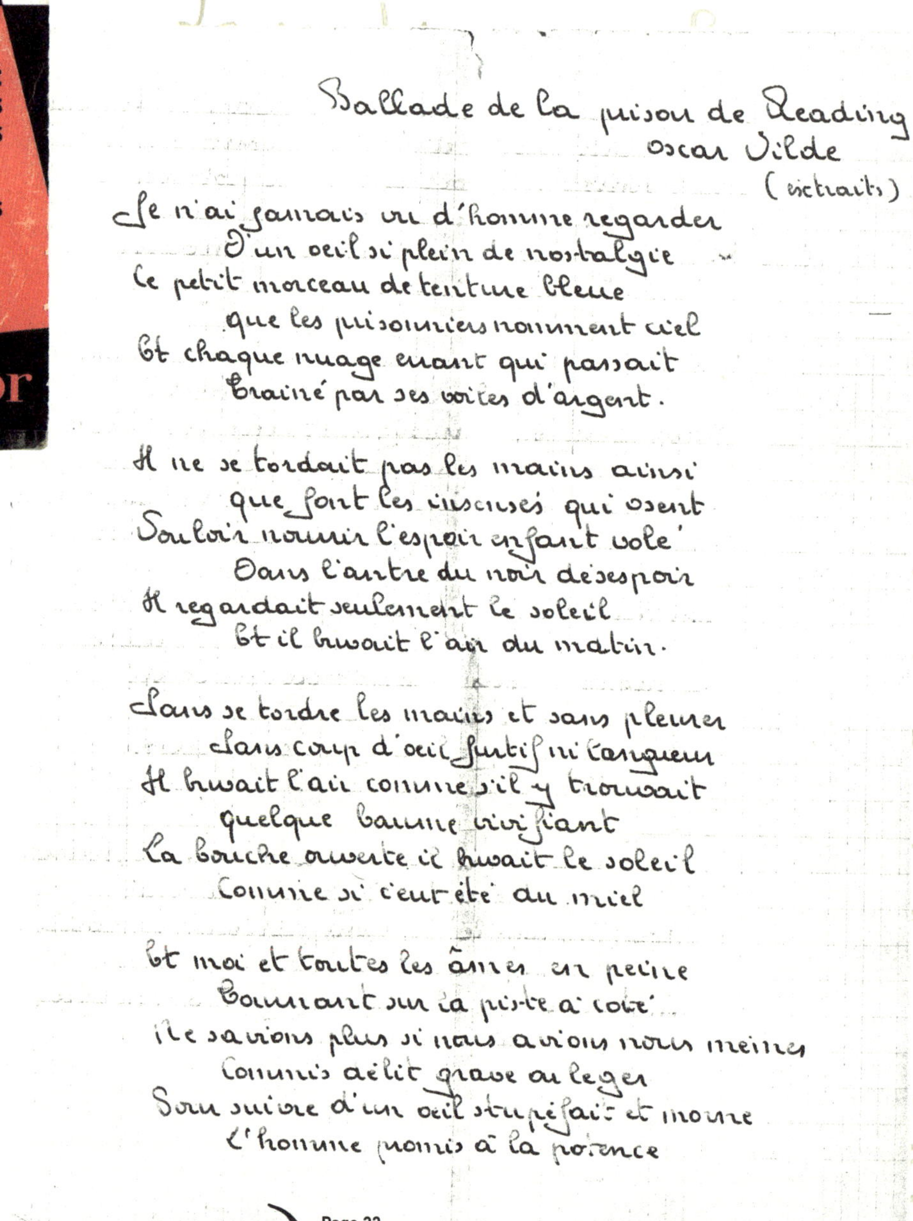
Ballade de la prison de Reading
Oscar Wilde
(extraits)

Je n'ai jamais vu d'homme regarder
D'un oeil si plein de nostalgie
Ce petit morceau de tenture bleue
Que les prisonniers nomment ciel
Et chaque nuage errant qui passait
Traîné par ses voiles d'argent.

Il ne se tordait pas les mains ainsi
que font les insensés qui osent
Vouloir nourrir l'espoir enfant volé
Dans l'antre du noir désespoir
Il regardait seulement le soleil
Et il buvait l'air du matin.

Sans se tordre les mains et sans pleurer
Sans coup d'oeil furtif ni langueur
Il buvait l'air comme s'il y trouvait
quelque baume vivifiant
La bouche ouverte il buvait le soleil
Comme si c'eut été du miel

Et moi et toutes les âmes en peine
Tournant sur la piste à côté
Ne savions plus si nous avions nous-mêmes
Commis délit grave ou léger
Nous suivions d'un oeil stupéfait et morne
L'homme promis à la potence

Viens vite, je t'espère ô douce créature
Si trop lourde est ta vie et ta peine trop dure
J'ai les bras grands ouverts, viens vite sans effroi

En 1937, Georges monte à Paris pour l'Exposition coloniale.

Le temps des copains à Sète. Ci-dessous le dos de la photo légendé par Brassens.

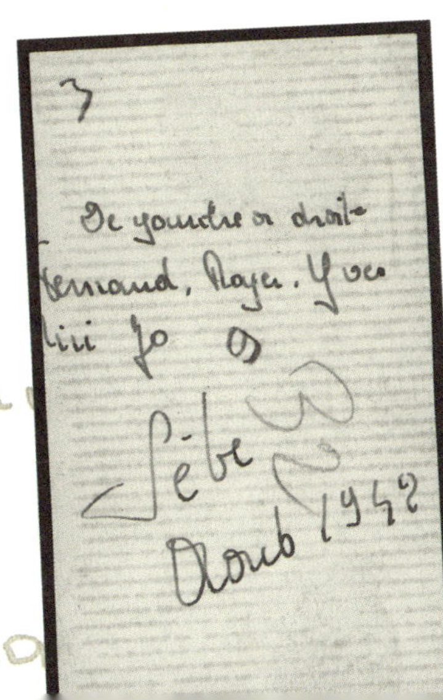
3
De gauche à droite
Fernand, Roger, Yves
Henri Jo
Sète
Août 1942

Le jeune Brassens a déjà fière allure…

Don Juan La

Gloire à qui freine à mort de peur d'éc
Le hérisson perdu le crapaud fourvoyé
Et gloire à don Juan d'avoir un jour sour
A celle à qui les autres n'attachaient au

… ET L'AMOUR DES ANIMAUX.

A celle à qui les autres faisaient jamai

Et gloire à ce soldat qui du temps des
Se retint d'achever l'otage à sa merci
Et gloire à don Juan d'avoir fait un ba
A celle que les autres refusaient d'em

Le temps des vaches maigres

L'impasse Florimont

J'ai souvent écouté Georges parlant de sa vie avec Jeanne et Marcel Planche, à l'impasse Florimont. « Nous vivions reclus, entourés d'animaux – une véritable arche de Noé – sans le moindre confort matériel, mais cet endroit me convenait tout à fait. Nous étions dans un dénuement total. Je dépendais d'eux et de leurs maigres revenus, mais nous vivions dans un bonheur certain… Je tendais la main avec la dignité d'un sénateur romain. C'est à l'impasse que j'ai écrit la plus grande part de mes chansons. J'y étais dans une quiétude studieuse. Je n'étais pas coupé du monde car on venait me rendre visite. Lorsque Jeanne préparait le pot-au-feu le lundi, c'était pour toute la semaine… Elle ajoutait chaque jour des restes de la veille et chacun y trouvait son compte. Quand nous étions trop nombreux, elle renvoyait le dernier venu, par manque de place, en lui demandant de revenir le lendemain. C'était la précarité, mais cette vie chaleureuse me convenait… Et puis, je pense que le confort abîme l'homme. » Une proche variante de la formule de Nietzsche…

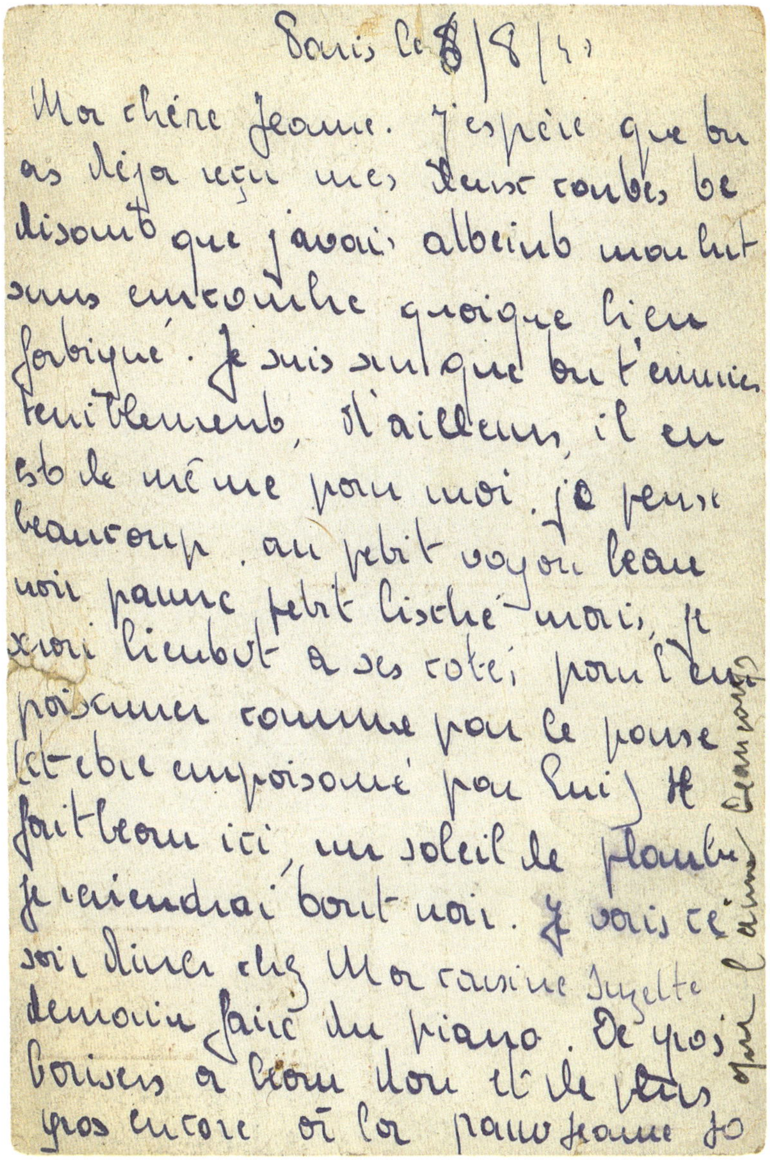
Paris le 8/8/40

Ma chère Jeanne. J'espère que tu as déjà reçu mes deux cartes te disant que j'avais atteint mon but sans encombre quoique bien fatigué. Je suis sûr que tu t'ennuies terriblement, d'ailleurs il en est de même pour moi. Je pense beaucoup au petit voyou beau noir pauvre petit Lische mais je serai bientôt à ses côtés pour l'empoisonner comme par le passé (et être empoisonné par lui). Il fait beau ici, un soleil de plomb. Je reviendrai bientôt. Je vais ce soir dîner chez ma cousine Suzette demain faire du piano. De gros baisers à Bonbon et de plus gros encore à la pauvre Jeanne Jo

Le 6 août 1940, Brassens, de retour à Sète (et non à Paris, comme il l'écrit par erreur), adresse une carte postale à Jeanne Planche, son hôtesse, qu'il a hâte de retrouver à l'impasse.

CARTE POSTALE

EXPÉDITEUR

M Brassens
chez Henri Delpont
43 rue Garenne
Sète

DESTINATAIRE

Madame Jeanne Planche
9 imp. Florimont
Paris 14e

Jeanne Planche, née Le Bonniec.

Inconfort et tendresse font bon ménage

Avec Jeanne.

Jeanne et Marcel Planche.

Agathe et René Fallet avec Jeanne.

Les années 50

Jeanne et Georges impasse Florimont.

Il est rare de voir Georges fumer une cigarette !

Vacances

1

Elle est très bonne et pour m'aider à être sage
Charmante fille elle m'envoie force messages
Où ses efforts pour mon plaisir sautent aux yeux
Comme sautent aux yeux les gigantesques taches
Que font dans leurs cahiers les tout jeunes potaches
Préoccupés par leur joli rêve amoureux.

A ces missives d'elle où ne vibre rien d'elle
A ces baisers sans lèvre à ces poulets sans ailes
Je m'y résigne autant qu'on peut se résigner
Aux défauts, aux péchés des êtres dont on aime
Tout, absolument tout l'indifférence même
Et jusqu'au don d'amour à un autre assigné.

Semblable au miséreux qui, fouillant sa calotte
Découvre d'inutiles boutons de culotte
A la place de l'or qui chante et qui reluit
Je dois serrer les dents pour avaler mes larmes
A ma mère songer pour rengainer les armes
Que ma douleur braquait déjà contre elle et .. lui

2

Quelquefois, cependant, l'esprit du mal m'appelle
Et me conte qu'au fond elle n'est pas si belle,
Qu'en ce monde il en est cent mille au cœur plus doux,
Que c'est bête et méchant de me voler mes lettres
Pour les donner à un autre homme qui, peut être
Ne les mérite guère et n'y tient pas beaucoup.

Mais je l'absous bientot car je sais qu'elle ignore
Que je suis triste infiniment, que je l'adore
Que rien, jamais rien ne m'échappe et que le soir
A l'heure où des baisers font rencontrer leurs bouches
Où la voix de la chair les unit sur la couche
Seuls, les pleurs de mes yeux m'empêchent de les voir.

La nuit, quand les coups sourds de son oubli m'éveillent
Seuls les cris de mon âme empêchent mes oreilles
D'entendre résonner sur le mode mineur
Parmi ma solitude affreuse de Septembre
Le chant silencieux que rêve dans leur chambre
La renaissance possible de leur bonheur.

ON NE SAIT RIEN DE CE TEXTE INTITULÉ *VACANCES* QUE GEORGES M'AVAIT CONFIÉ AVEC D'AUTRES MANUSCRITS. PEUT-ÊTRE LUI A-T-IL ÉTÉ INSPIRÉ PAR UN AMOUR DE JEUNESSE ?

3

La renaissance de leur bonheur .. Quelle chance
Pour elle mon Dieu si l'incident des vacances
La rendait à nouveau maîtresse de ce cœur
Je crois bien, tellement je l'aime avec tendresse
Que je serais de taille à goûter son caresse
Et, m'oubliant moi même me joindre à leur chœur.

Hélas, cela n'est que chimère de poète
Viendra le temps hélas où finira leur fête
Viendra le temps où de nouveau désaccouplés
Ils reprendront chacun sa route différente
Et je la reverrai m'offrir pauvre âme errante
Les restes de son cœur qui n'auront pas brulé

Le tableau me fait mal et pourtant, je l'excuse
De m'offrir chichement - un peu comme on refuse -
Le charme qui lui reste et dont j'ai tant besoin
Et je lui pardonne de croire sans malice
Que c'est elle qui fait les plus grands sacrifices
Et de s'imaginer que c'est moi le sagouin.

4

Viens vite, je t'espère ô douce créature
Si trop lourde est ta vie et ta peine trop dure
J'ai les bras grands ouverts, viens vite sans effroi
Au reste si tes pas écrasaient une rose
Ne t'en fais pas pour une si petite chose
Ça m'est un grand bonheur de souffrir grâce à toi

L'impasse Florimont, des années plus tard.

Brassens
un homme de caractère qui a forgé son destin

« J'ai toujours écrit, selon mon goût, ce qui me convenait, sans tenir compte des modes et de ce qu'on chantait à mes débuts. Je me suis toujours exprimé en totale liberté. Et pourtant certains patrons de cabarets, où je me suis produit, eussent préféré que je fisse des chansons à la mode des années 50. Ce sont ceux-là qui, plus tard, se vanteront de m'avoir fait débuter ! » Même au quotidien, Brassens affectionnait le beau langage qu'il mélangeait parfois avec des expressions argotiques. Il était autant à l'aise dans le langage de Molière que dans celui d'Albert Simonin ou d'Alphonse Boudard.

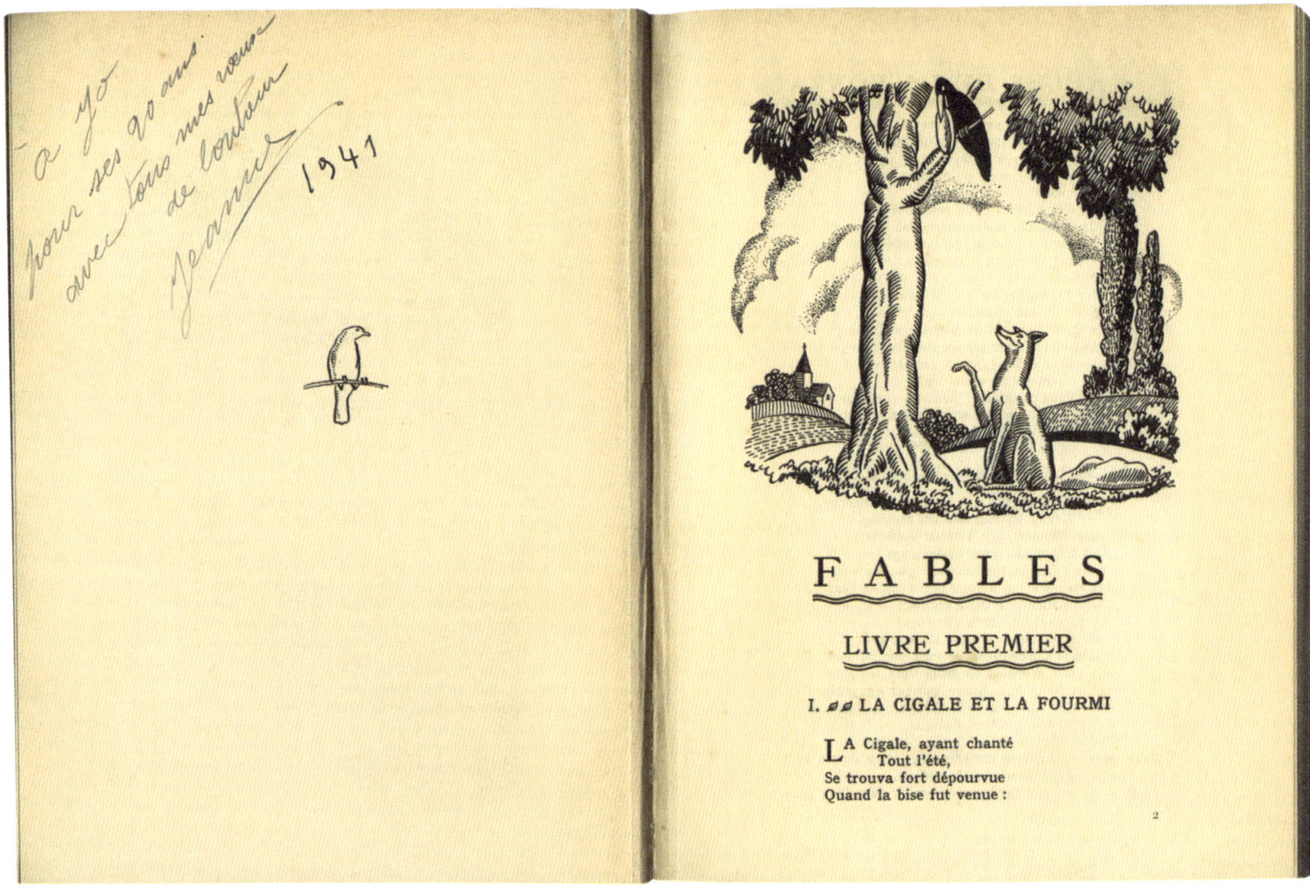
à Jo
pour ses 20 ans
avec tous mes vœux
de bonheur
Jeanne
1941

FABLES

LIVRE PREMIER

I. LA CIGALE ET LA FOURMI

LA Cigale, ayant chanté
Tout l'été,
Se trouva fort dépourvue
Quand la bise fut venue :

2

122 FABLES DE LA FONTAINE

Je vous demande, en bonne foi,
Si cette imprudence si haute
Provient de mon caprice. » Elle part à ces mots.

Pour moi, j'approuve son propos.
Il n'arrive rien dans le monde
Qu'il ne faille qu'elle en réponde :
Nous la faisons de tous écots;
Elle est prise à garant de toutes aventures.
Est-on sot, étourdi, prend-on mal ses mesures;
On pense en être quitte en accusant son sort :
Bref, la Fortune a toujours tort.

XII. LES MÉDECINS

LE médecin Tant-pis alloit voir un malade
Que visitoit aussi son confrère Tant-mieux.
Ce dernier espéroit, quoique son camarade
Soutînt que le gisant iroit voir ses aïeux.
Tous deux s'étant trouvés différents pour la cure,
Leur malade paya le tribut à nature,
Après qu'en ses conseils Tant-pis eut été cru.
Ils triomphoient encor sur cette maladie.
L'un disoit : « Il est mort ; je l'avois bien prévu.
— S'il m'eût cru, disoit l'autre, il seroit plein de vie. »

XIII. LA POULE AUX ŒUFS D'OR

L'AVARICE perd tout en voulant tout gagner.
Je ne veux, pour le témoigner,
Que celui dont la Poule, à ce que dit la fable,
Pondoit tous les jours un œuf d'or.
Il crut que dans son corps elle avoit un trésor :
Il la tua, l'ouvrit, et la trouva semblable
A celles dont les œufs ne lui rapportoient rien,
S'étant lui-même ôté le plus beau de son bien.

LIVRE CINQUIÈME 123

Belle leçon pour les gens chiches!
Pendant ces derniers temps, combien en a-t-on vus
Qui du soir au matin sont pauvres devenus,
Pour vouloir trop tôt être riches!

POUR LES 20 ANS DE GEORGES, Jeanne lui avait offert *Les Fables* de La Fontaine, volume dédicacé par elle et daté par lui. Cet ouvrage a accompagné Brassens toute sa vie et fut l'une de ses principales sources d'inspiration. *Les Fables* étaient encore sur sa table de nuit au moment de sa disparition. Soucieux du devenir de sa bibliothèque, il avait chargé Püpchen, sa compagne, d'offrir ses livres à ses copains. Aussi, parmi d'autres, j'ai le bonheur de posséder ce livre qu'il avait fait précieusement relier.

1955

Avec Jeanne.

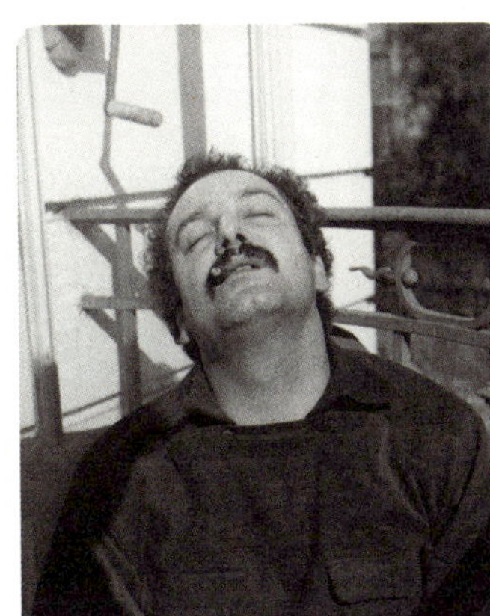

EN 1950, BRASSENS ÉCRIT *Les Voisins*, CHANSON QU'IL N'ENREGISTRERA PAS, MAIS QU'IL TRANSFORMERA POUR LE CHANSONNIER CHRISTIAN MÉRY ET QUI DEVIENDRA *Vendetta*.

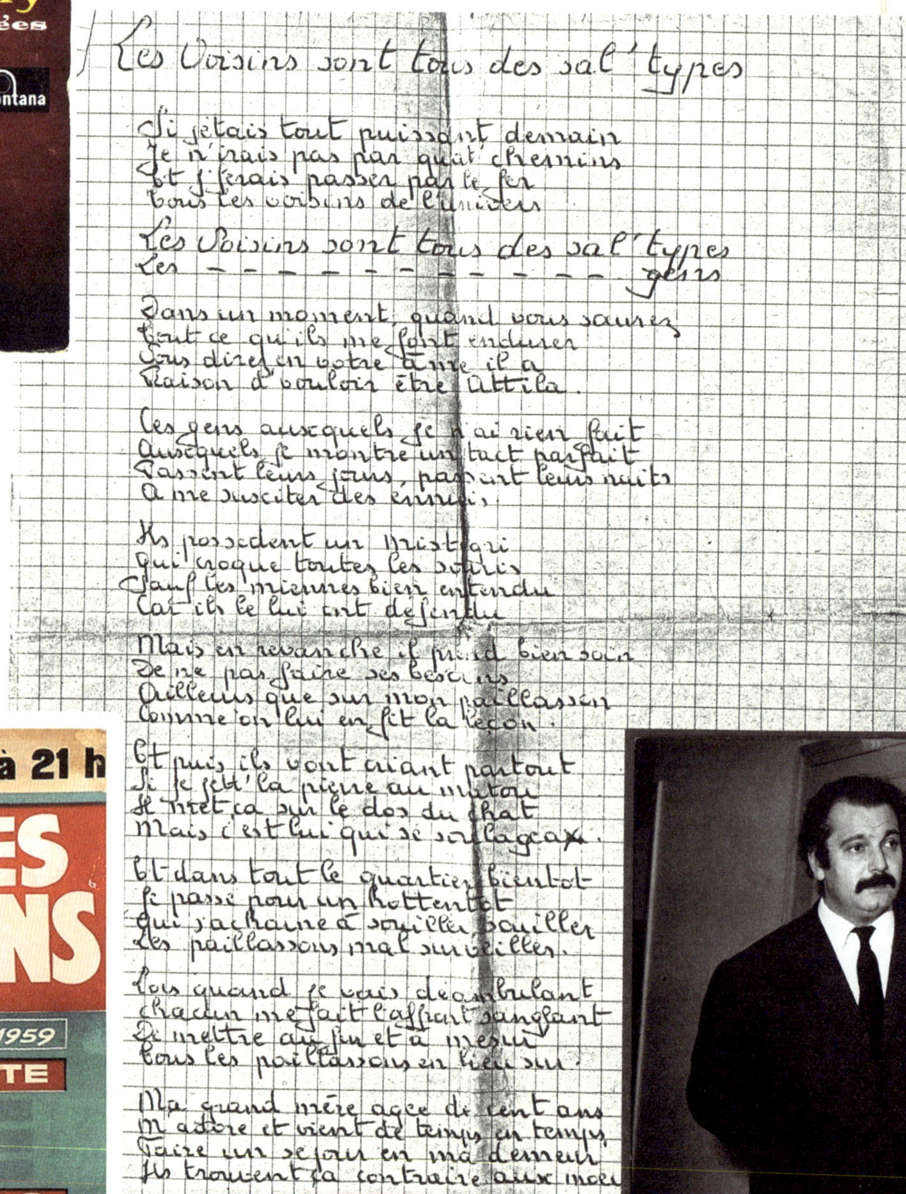

Les Voisins sont tous des sal' types

Si j'étais tout puissant demain
Je n'irais pas par quat' chemins
Et j'ferais passer par le fer
Tous les voisins de l'univers

Les Voisins sont tous des sal' types
Les — — — — — — — — — — — gens

Dans un moment, quand vous saurez
Tout ce qu'ils me font endurer
Vous direz en votre âme il a
Raison d'vouloir être Attila.

Les gens auxquels je n'ai rien fait
Auxquels je montre un tact parfait
Passent leurs jours, passent leurs nuits
A me susciter des ennuis.

Ils possèdent un Mistigri
Qui croque toutes les souris
Sauf les miennes bien entendu
Car ils le lui ont défendu

Mais en revanche il prend bien soin
De ne pas faire ses besoins
Ailleurs que sur mon paillasson
Comme on lui en fit la leçon.

Et puis ils vont criant partout
Si je jett' la pierre au matou
Il met ça sur le dos du chat
Mais c'est lui qui se soulagea.

Et dans tout le quartier bientôt
Je passe pour un hottentot
Qui s'acharne à souiller, fouiller
Les paillassons mal surveillés.

Lors quand je vais déambulant
Chacun me fait l'affront sanglant
De mettre au fur et à mesure
Tous les paillassons en lieu sûr.

Ma grand mère âgée de cent ans
M'adore et vient de temps en temps
Faire un séjour en ma demeure
Ils trouvent ça contraire aux moeu

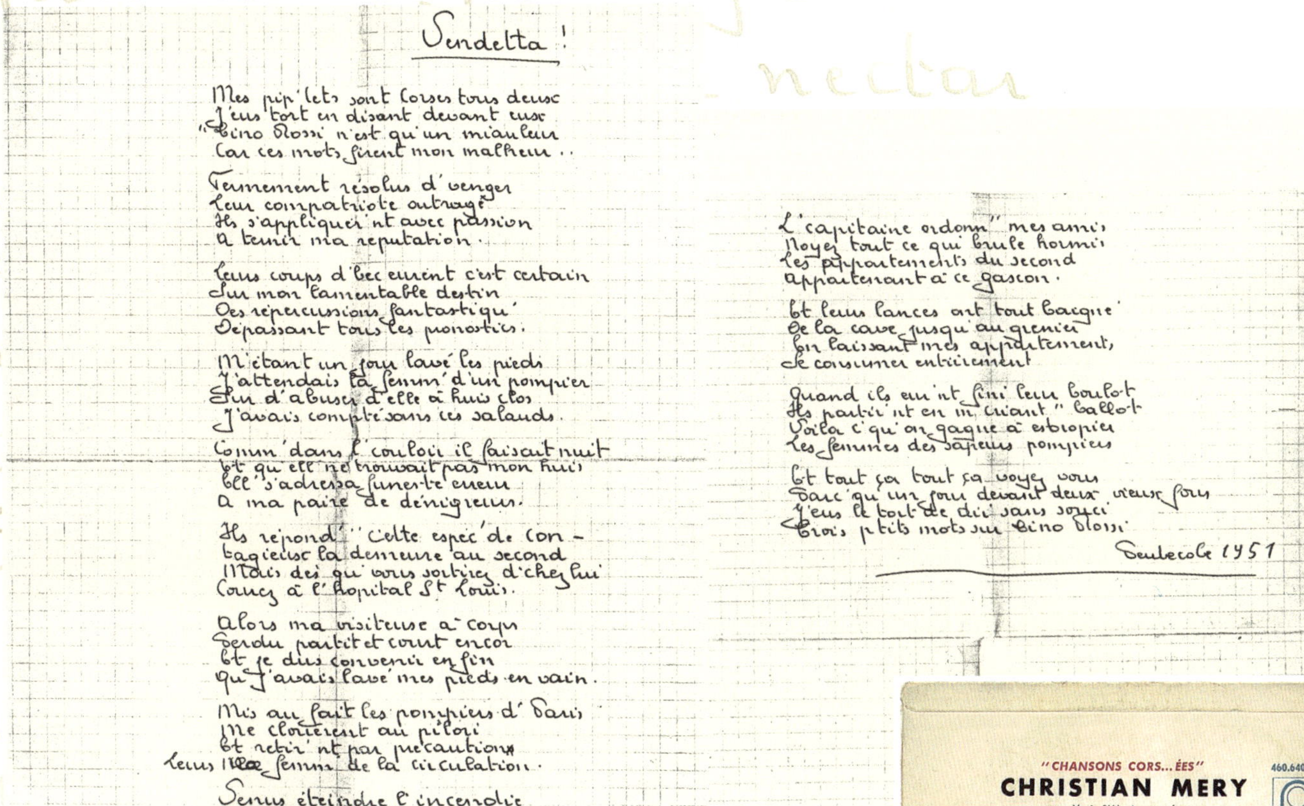
Vendetta !

Mes pip'lets sont Corses tous deux
J'eus tort en disant devant eux
"Tino Rossi n'est qu'un miauleur
Car ces mots firent mon malheur..

Fermement résolus d'venger
Leur compatriote outragé
Ils s'appliquèr'nt avec passion
A ternir ma réputation.

Leurs coups d'bec eurent c'est certain
Sur mon lamentable destin
Des répercussions fantastiqu'
Dépassant tous les pronostics.

M'étant un jour lavé les pieds
J'attendais la femm' d'un pompier
Afin d'abuser d'elle à huis clos
J'avais compté sans ces salauds.

Comm' dans l'couloir il faisait nuit
Et qu'ell' ne trouvait pas mon huis
Ell' s'adressa funeste erreur
A ma paire de dénigreurs.

Ils répond'" Cette espèc' de con-
tagieux la demeure au second
Mais dès qu'vous sortirez d'chez lui
Courez à l'hopital St Louis.

Alors ma visiteuse à coup
Perdu partit et court encor
Et je dus convenir enfin
Qu'j'avais lavé mes pieds en vain.

Mis au fait les pompiers d'Paris
Me clouèrent au pilori
Et retir'nt par précaution
Leurs femm' de la circulation.

Venus éteindre l'incendie

L'capitaine ordonn'" mes amis
Noyez tout ce qui brule hormis
Les appartements du second
Appartenant à ce gascon.

Et leurs lances ont tout baigné
De la cave jusqu'au grenier
En laissant mes appartements
Se consumer entièrement

Quand ils eur'nt fini leur boulot
Ils partir'nt en m'criant " sallot
Voilà c'qu'on gagne à estropier
Les femmes des sapeurs pompiers

Et tout ça tout ça voyez vous
Parc'qu'un jour devant deux vieux fous
J'eus le tort de dir' sans souci
Trois p'tits mots sur Tino Rossi

Toulecole 1951

Manuscrit de la chanson *Vendetta*.

Avec le comédien Bugette et Püpchen.

Réflexions
sur le métier

J'arrive chez Georges un jour, les bras chargés de livres qu'il m'a commandés. Je le trouve plongé dans un abîme de réflexions, fruit d'une intense lecture au long de l'après-midi. Il a en main, une fois encore, le livre des *Fables* de La Fontaine.

« Quand je lis cet auteur, je prends conscience de ma condition de chanteur. Je n'étais pas fait pour monter sur scène, surtout à 31 ans, moi qui suis de nature pudique. À 20 ans, c'est différent… Je me serais contenté du statut d'auteur compositeur. Je suis devenu saltimbanque par obligation. Je souffre mille maux sur scène et j'aurais préféré réaliser une œuvre sans devoir me produire en public. L'anonymat m'aurait permis, entre autres, de flâner au rayon bricolage du BHV sans être importuné, de faire de la moto sans être reconnu. »

Après une longue période de « vaches maigres », Georges trouve enfin le succès et peut manger à sa faim. Il abuse un peu trop des pâtes qu'il adore !

L'ami Jacques Grello

Sur le document ci-contre, Georges a noté avec exactitude la date de la disparition de son ami Jacques Grello. Il a toujours conservé une tendresse particulière pour le chansonnier, qui a été l'un des premiers à croire en lui.

Un jour, ils avaient rendez-vous à l'entrée d'une station de métro, mais s'y attendirent en vain. Chacun ayant fait le pied de grue à une sortie différente de la même station !

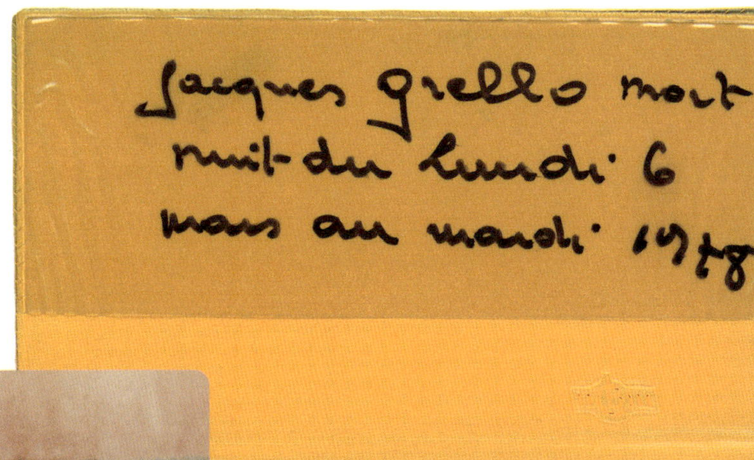

EN COMPAGNIE DE MADAME JACQUES GRELLO.

La chanson du bricoleur

Comm' je m'étonnais qu'ma soeurette
Au lieu d'un porte-cigarette
Pour sa fête offre à son mari
Une énorme boîte à outils
Ell' me répondit "mon ptit frère
Rien n'saurait mieux le satisfaire
Car il est heureux comme un roi
Avec un marteau dans les doigts.

Mon Dieu quel bonheur (bis)
D'avoir un mari bricole
Mon Dieu quel bonheur (bis)
D'avoir un mari bricoleur!

Pendant les rar' moments de pause
Où il n'répar' pas quelque chose
Il cherch' le coin disponible où
l'on peut encor planter un clou.
Ce clou qu'il enfonce à la place
Du clou d'hier, il le remplace.
Et demain par un clou meilleur
le même qu'avant hier d'ailleurs.

Chaque matin dans la prière
Qu'ils adressent à Dieu le père
La majorité des Chrétiens
Réclament le pain quotidien
Mon mari beaucoup plus modeste
Ne demande à l'ciel céleste

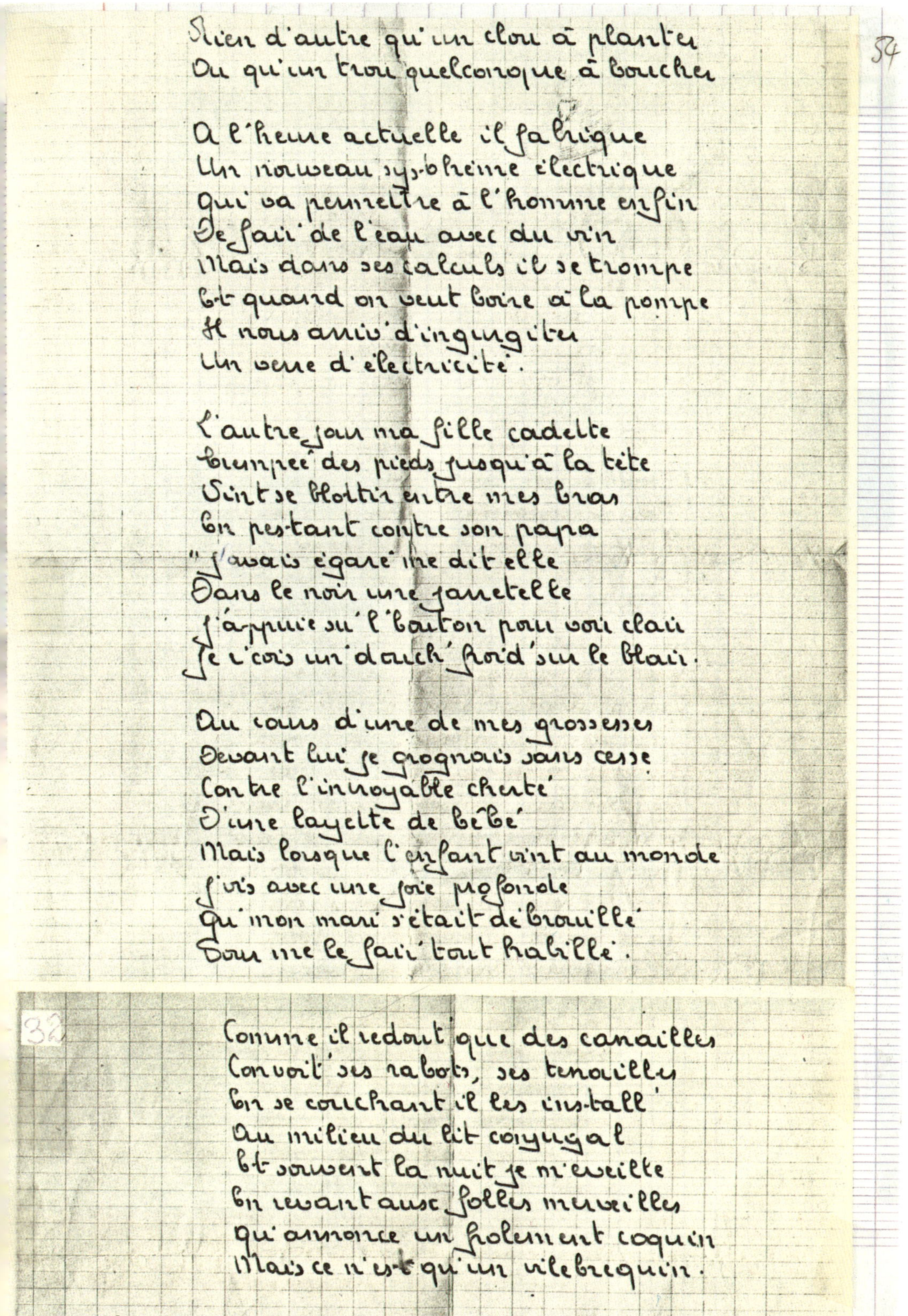
Rien d'autre qu'un clou à planter
Ou qu'un trou quelconque à boucher 54

A l'heure actuelle il fabrique
Un nouveau système électrique
Qui va permettre à l'homme enfin
De fair' de l'eau avec du vin
Mais dans ses calculs il se trompe
Et quand on veut boire à la pompe
Il nous arriv' d'ingurgiter
Un verre d'électricité.

L'autre jour ma fille cadette
Trempée des pieds jusqu'à la tête
Vint se blottir entre mes bras
En pestant contre son papa
"J'avais égaré me dit elle
Dans le noir une jarretelle
J'appuie su' l'bouton pour voir clair
Je r'çois un douch' froid sur le blair.

Au cours d'une de mes grossesses
Devant lui je grognais sans cesse
Contre l'incroyable cherté
D'une layette de bébé
Mais lorsque l'enfant vint au monde
J'vis avec une joie profonde
Qu'mon mari s'était débrouillé
Pour me le fair' tout habillé.

32
Comme il redout' que des canailles
Convoit' ses rabots, ses tenailles
En se couchant il les install'
Au milieu du lit conjugal
Et souvent la nuit je m'éveille
En rêvant aux folles merveilles
Qu'annonce un frôlement coquin
Mais ce n'est qu'un vilebrequin.

Manuscrit de la chanson *Le Bricoleur*. On constatera que lorsque Patachou a enregistré cette chanson, en 1952, elle a supprimé les couplets 1.3 et 5.

Les débuts du succès
et les premières tournées

Püpchen à gauche.

Avec le comédien Bugette, à droite.

Avec Jean Marais dans les années 50.

Avec le pardessus donné par Maurice Chevalier.

Avec Jean Nohain
dans les années 50.

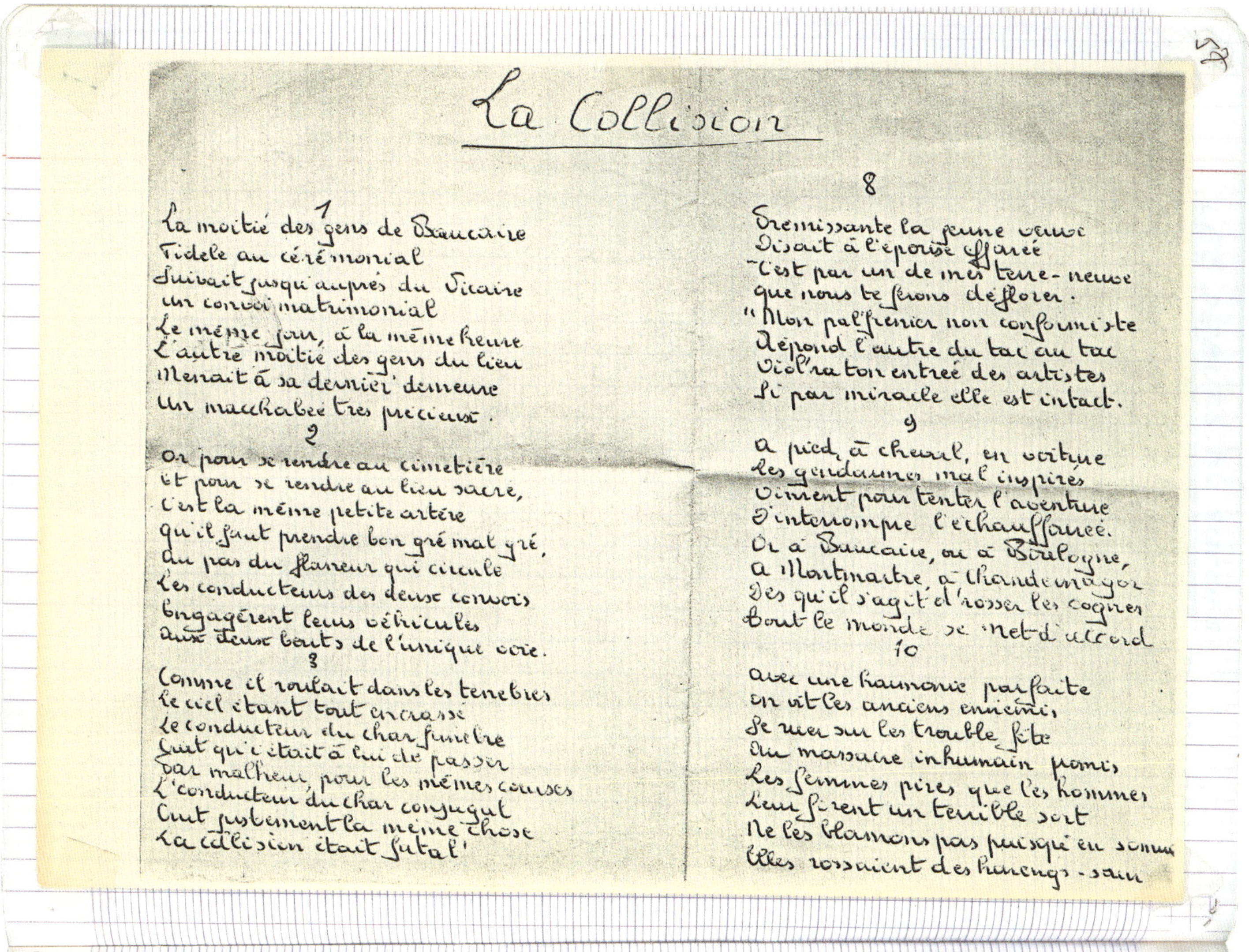

La Collision

1

La moitié des gens de Beaucaire
Fidèle au cérémonial
Suivait jusqu'auprès du Vicaire
Un convoi matrimonial
Le même jour, à la même heure
L'autre moitié des gens du lieu
Menait à sa dernièr' demeure
Un macchabée très précieux.

2

Or pour se rendre au cimetière
Et pour se rendre au lieu sacré,
C'est la même petite artère
Qu'il faut prendre bon gré mal gré,
Au pas du flâneur qui circule
Les conducteurs des deux convois
Engagèrent leurs véhicules
Aux deux bouts de l'unique voie.

3

Comme il roulait dans les ténèbres
Le ciel étant tout encrassé
Le conducteur du char funèbre
Jugt qu'il était à lui de passer
Par malheur, pour les mêmes causes
L'conducteur du char conjugal
Eut justement la même chose
La collision était fatal'

8

Frémissante la jeune veuve
Disait à l'épouse effarée
"C'est par un de mes terre-neuve
Que nous te ferons déflorer.
"Mon palfrenier non conformiste
Répond l'autre du tac au tac
Viol'ra ton entrée des artistes
Si par miracle elle est intact.

9

A pied, à cheval, en voiture
Les gendarmes mal inspirés
Vinrent pour tenter l'aventure
D'interrompre l'échauffourée.
Or à Beaucaire, ou à Boulogne,
A Montmartre, à Chandernagor
Dès qu'il s'agit d'rosser les cognes
Tout le monde se met d'accord

10

Avec une harmonie parfaite
On vit les anciens ennemis,
Se ruer sur les trouble-fête
Du massacre inhumain promis
Les femmes pires que les hommes
Leur firent un terrible sort
Ne les blâmons pas puisqu'en somme
Elles rossaient des harengs-saurs

Ce texte de 1950 porte en germe les chansons *Hécatombe* et *Les Funérailles d'antan*, qui ont été révélées au public quelques années plus tard.

Elle ne fut pas de nature
A prendre place aux faits divers
Car ~~les~~ seuls les phares des voitures
Dans la rencontre avaient souffert.
Mais les chauffeurs d'automobiles
Tels leurs ancêtres les cochers
Quand un rien leur émeut la bile
Sont joliment mal embouchés.

5

Les deux nôtres selon l'usage
Se dressèrent sur leurs ergots
Et se crachèrent au visage
Les plus déplorables gros mots
"Vieille ordure, pouilleux, vérole,
Fils de pute, empapaouté,
On se serait cru ma parole
A la chambre des députés

6

Au maximum de la dispute
Les témoins des jeunes époux
Secourent leur chauffeur en butte
A cette avalanche de boue
Les teneurs des cordons du poele
On n'leur en demandait pas moins
Prouvèr' qu'ils avaient de la moelle
En bondissant sur les témoins

7

Les témoins mordaient la poussière
Quand les demoiselles d'honneur
Sortant leurs griffes carnassières
Se jetèrent sur les teneurs
Les teneurs recevaient la pile
Quand les parents et les amis
Les curieux et les imbéciles
Puis tout le monde enfin s'y mit

11

L'une d'elles, la veuve, attache
Le vieux maréchal des logis
Et lui fait crier "mort aux vaches
Mort aux lois, vive l'anarchie.
Une autre fourre avec rudesse
Le crâne d'un de ces lourdauds
Entre ses gigantesques fesses
Qu'elle serre comme un étau

12

La plus grasse de ces femelles
Ouvre son corset dilaté
Et matraque à coups de mamelles
Ceux qui passent à sa portée
Ces furies à peine si j'ose
Le dire, tellement c'est bas
Leur auraient même coupé les .. choses
Par bonheur ils n'en avaient pas.

13

Il va de soi que les gendarmes
A la longue auraient succombé
Mais le formidable vacarme
Ota l'sommeil au macchabée
Il dit "vos procédés me navrent
Vous vous conduisez en goujats
Avant d'faire de nouveaux cadavres
Enterrez ceux qui l'sont déjà

14

Ce blâme plein d'acrimonie
Persuada tous ces butors
D'achever les cérémonies
Et d'laisser la vie aux pandores
Alors la moitié de Beaucaire
Conduisit le mort dans son trou
L'autre moitié jusqu'au vicaire
Accompagna les deux époux

Fin 26/11/50

La pression du show-biz

Georges prépare son tour de chant, un disque doit sortir. Hélas, quelques chansons n'ont pas encore trouvé leur forme définitive et sa maison de disques fait le forcing. Mais on sait que Brassens n'est pas du genre à bâcler ses textes pour des raisons matérielles. Agacé, il me fait part de son souci avec une certaine malice : « Je me vois contraint, une fois encore, de mettre en musique deux ou trois connards de poètes pour satisfaire les exigences du métier… »

Cette démarche est néanmoins pour lui un réel plaisir, car toutes les musiques qu'il a déposées sur les vers des autres ont toujours été en parfaite harmonie avec les textes : de Villon à Antoine Pol, en passant par le romantisme de Victor Hugo, de Lamartine, de Musset et d'Hégésippe Moreau, le réalisme de Banville, de Richepin ou l'esprit primesautier de Tristan Bernard, ou encore de Paul Fort, son auteur contemporain préféré. Georges me disait : « Sache qu'à l'insu de mes professeurs, j'ai dû aller chercher, seul, des écrivains délaissés malgré leur qualité. Sans mes petites musiques qui les ont habillés, leurs textes seraient encore au purgatoire. »

Tout aussi musicien que vous, tas de bruiteurs !

Brassens s'ouvre les portes du succès !

Avec Püpchen, à Lausanne en 1954.

Georges n'aimait guère voyager et détestait l'avion. Ici, avec Püpchen.

Brassens, homme de poids dans la chanson faisait chavirer les cœurs… et les bateaux !

La chanteuse québécoise Aglaé, Püpchen, Georges et Philippe Clay.

Bien des années après, l'ami d'enfance, Roger Abat, disparu aujourd'hui, regarde Georges en photo donner l'aubade à Jeanne et Marcel à l'impasse Florimont, véritable « cour des miracles »…

Après Patachou,
Socrate révèle Brassens

Bobino, « dernière » sur scène de Brassens, en mars 1977.
De gauche à droite : Armand Motta, chef d'orchestre, Jacques Canetti, Marcel Amont, Mireille et Joël Favreau.

Ignorer Jacques Canetti dans cet ouvrage serait impardonnable. Sans lui, le paysage de la chanson eût été tout différent. Brassens l'avait surnommé « Socrate ». L'auteur des *Copains d'abord* doit beaucoup à ce découvreur de talents des années 50. Canetti, qui avait un sens artistique et un flair infaillibles, était directeur artistique chez Philips et fut le premier à reconnaître, en 1949, le talent du Québécois Félix Leclerc, dont le succès en France fut immédiat. De la même façon, il crut immédiatement en Brassens et nous confia : « Georges est mon meilleur souvenir professionnel et personnel. Il est unique et irremplaçable ! »

En 1952, Brassens, l'iconoclaste, « dérangeait » quelque peu chez Philips. Il possédait déjà plus de trente chansons de qualité dans son répertoire, mais Canetti dut faire le forcing pour que Georges puisse en graver quelques-unes dans la cire chez Polydor, sous-label du groupe Philips. Le « bon maître » demeura fidèle sa vie durant à la multinationale, cette dernière étant ravie de garder l'artiste dans son catalogue, malgré les offres mirobolantes d'une autre maison de disques. Toutefois, jamais aucun contrat ne fut signé avec le chanteur, et la firme peut encore dire aujourd'hui : « Merci Monsieur Canetti et merci Monsieur Brassens » ! Chez Georges, j'ai souvent rencontré Jacques Canetti en compagnie de son épouse, la chanteuse Lucienne Vernay, qui avait enregistré *La Cane de Jeanne*. Brassens appréciait beaucoup Lucienne, disparue prématurément.

Lors de la dernière apparition de Georges sur scène, le 20 mars 1977, nous étions quelques proches derrière le rideau de scène, attendant la dernière chanson : René Fallet, André Vers, Pierre Dudan, Fred Mella, Mireille, Marcel Amont, Pierre Louki, Joël Favreau… Le rideau s'ouvrit sur ce chœur improvisé, dirigé « à la baguette » par Jacques Canetti. L'œil de Brassens frisait et l'émotion nous gagnait tous. Le public conquis se leva et entonna avec nous *Les Copains d'abord*. Nous ignorions que Georges chantait pour la dernière fois en public. Souvenir inoubliable… Tous derrière et lui devant.

Chez moi après la disparition de Georges. De gauche à droite : Christian Marin, Roger Abat, André Tillieu, Jacques Canetti, Marcel Jullian et Pierre Onténiente.

Enregistrement d'une émission radio consacrée à Brassens, à Sète, en 1984. De gauche à droite : votre serviteur, l'animatrice, Roger Abat et Jacques Canetti.

Brassens
et Boris Vian

Au début des années 50, deux hommes d'exception – Brassens et Vian – faisaient leurs gammes aux Trois Baudets, le cabaret parisien de Jacques Canetti. Leur inspiration et leur répertoire, en marge de l'esprit de l'époque, leur attiraient des fortunes diverses auprès d'un public parfois désarçonné par la nouveauté et l'originalité du ton. « On a chanté, on chante et on chantera toujours Boris », dira plus tard Brassens.

De son côté, Vian faisait l'éloge de Brassens en ces termes : « La chanson d'amour à succès est relativement abondante sur le marché, mais la très bonne chanson d'amour est extrêmement rare. Il a fallu Georges Brassens pour écrire *Les Sabots d'Hélène* ou *Je suis un voyou*… Si l'influence exercée par le jazz sur la chanson s'est traduite par l'éclosion de talents originaux comme celui de Trenet, elle s'est exercée aussi de façon plus subtile, en profondeur, sur des gens comme Georges Brassens… par sa manière de chanter, souvent comparable à celle des chanteurs de blues, sa façon d'attaquer un peu en retard sur l'accompagnement, si caractéristique dans *La Chasse aux papillons*. La netteté du style de Brassens, la fraîcheur de son expression l'apparentent d'ailleurs aux chanteurs folkloriques noirs en ce qui concerne la teneur même des chansons. » Ces propos d'avant-garde sont extraits du livre *En avant la zizique* de Boris Vian, paru en 1958.

Boris Vian est un de ces aventuriers solitaires qui s'élancent à corps perdu à la découverte d'un nouveau monde de la chanson
Si les chansons de Boris Vian n'existaient pas il nous manquerait quelque chose
Elles contiennent ce je-ne-sais-quoi d'irremplaçable qui fait l'intérêt et l'opportunité d'une oeuvre artistique quelconque.
J'ai entendu dire à d'aucuns qu'ils n'aimaient pas ça grand bien leur fasse !
Un temps viendra comme dit l'autre où les chiens auront besoin de leur queue et tous les publics des chansons de Boris Vian

G. Brassens.

La gloire

Les honneurs

Brassens
face à son public

Les souvenirs me reviennent en mémoire par vagues. J'étais pourvu à cette époque d'un laissez-passer permanent me permettant d'accéder à Bobino à mon entière convenance. Mon inclination à tout conserver m'a permis de retrouver ce sésame avec émotion.

En semaine, afin de ne pas déconcentrer Georges, j'arrivais en général au milieu de son tour de chant. Brassens affectionnait Bobino pour toutes sortes de raisons, en particulier parce que ce music-hall se situait près de son domicile. Un dimanche soir, après l'entracte, je l'accompagne depuis sa loge jusqu'au rideau de scène. Dans la salle, les spectateurs sont en train de regagner leur place. Au sein du public, on perçoit des sortes de vibrations : chacun a hâte de voir et d'entendre le « bon maître ». Il est difficile de traduire ici l'émotion ressentie au cours de semblables moments ! Le rideau s'ouvre, Georges fait deux pas : le voilà sur scène. L'ovation habituelle monte de la salle, accompagnée du crépitement des applaudissements. Je demeure pétrifié par ce déferlement d'enthousiasme. Près de moi, René Fallet ressent la même émotion : « De toute ma vie d'écrivain, je ne recevrai jamais une telle ovation. »
Quelles soirées…

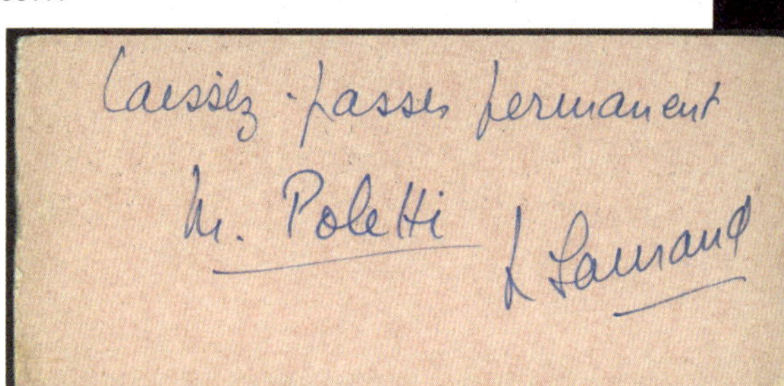
Laissez-passer permanent
M. Poletti

Laissez-passer pour Bobino signé par son directeur.

Avec Salvador Dalí.

Un petit carnet de photos (émouvant hommage d'une admiratrice) retrouvé par Pierre Onténiente à l'impasse Florimont.

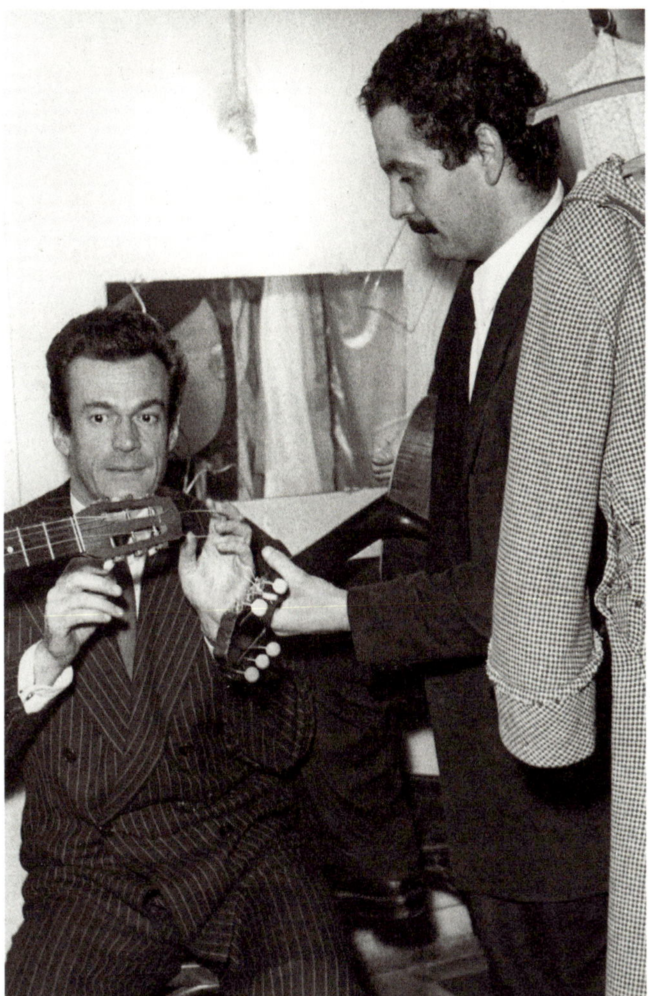

Avec Pierre Dudan.

Avec Jean Bertola.

Le pluriel
non demande
Gessé
22 sept
4 z'arts
Le chene
L'epave
Les sabots
Bacheliers
Saturne
Santé
Supplique
Jeanne
Commence
Fontaine
Moyenageux
Fluteau
Fantome
amours d'antan
amock
bout petit
Reputation

Le tour de chant de Georges à Bobino, rédigé de sa main sur une enveloppe.

Dans la loge de Bobino, avant d'entrer en scène : « Qu'est-ce que je suis allé m'emmerder avec cette paire de moustaches. »

Voyage
au Québec

En 1961, Brassens effectue une tournée au Canada. À sa descente d'avion, un journaliste se précipite sur lui et lui demande : « Que pensez-vous du Canada ? » Réponse de Georges : « Il y a une heure, je ne savais pas qu'il existait ! »

Brassens
et les honneurs

Illustrations de Claude Le Gallo.

En 1967, Georges obtient le Grand Prix de poésie de l'Académie française. Il le reçoit avec retenue, mais satisfaction, car cette attribution officielle à la saveur de la reconnaissance. Certains de ses proches ont un moment de surprise, pour ne pas dire plus…

Un quarteron de dignitaires du quai Conti a formé le projet d'offrir un fauteuil au moustachu ; parmi eux, Maurice Genevoix, Joseph Kessel, Marcel Pagnol et Marcel Achard. Finalement, le projet en question est abandonné et c'est peut-être mieux ainsi car on mesure la distance entre Brassens et l'Académie française ! Georges m'avait dit à ce sujet : « Tu m'imagines dans l'habit vert, coiffé d'un bicorne, une épée à la taille… j'aurais l'air d'un con ! »

Plus tard, Brassens fait son entrée dans le dictionnaire. Auparavant, il me téléphone d'une voix enjouée : « Tu vas me tirer le portrait pour le Larousse » et il ajoute : « Quel bonheur c'eût été pour ma mère qui nourrissait pour moi le projet de me voir devenir, au mieux, fonctionnaire ou médecin. »

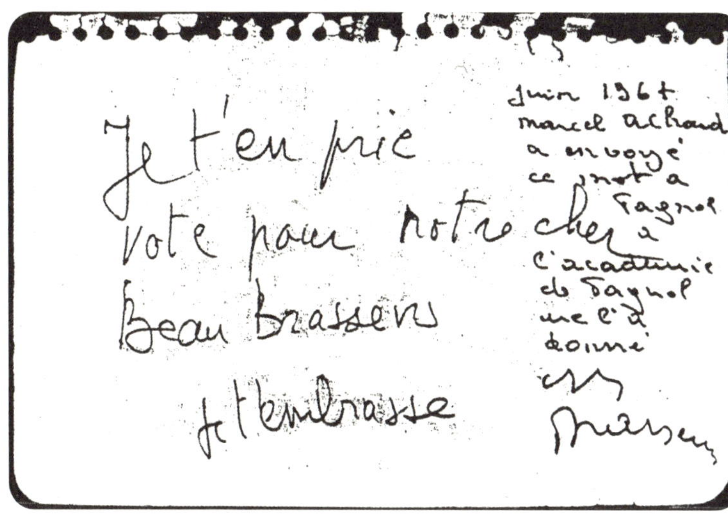

Je t'en prie
vote pour notre cher
Beau Brassens
Je t'embrasse

Juin 1967
Marcel Achard
a envoyé
ce mot à
Pagnol
à
l'académie
et Pagnol
me l'a
donné
GB
Brassens

Tire-moi le portrait, pour le

Larousse !

En 1967, tournée en région parisienne avec les « Tréteaux de France » de Jean Danet, à droite sur la photo.

À Bobino pour la sortie du coffret *Vingt ans de Brassens*, en 1973.

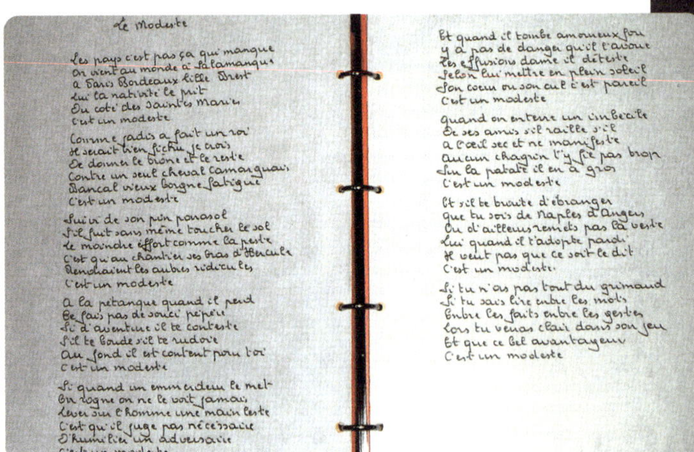

Le Modeste

Les pays c'est pas ça qui manque
On vient au monde à Salamanque
A Paris Bordeaux Lille Brest
Lui la nativité le prit
Du côté des Saintes Maries
C'est un modeste

Comme jadis a fait un roi
Il serait bien fichu je crois
De donner le trône et le reste
Contre un seul cheval camarguais
Bancal vieux borgne fatigué
C'est un modeste

Suivi de son pin parasol
S'il fuit sans même toucher le sol
Le moindre effort comme la peste
C'est qu'au chantier ses bras d'Hercule
Rendraient les autres ridicules
C'est un modeste

A la pétanque quand il perd
Te fais pas de souci pépère
Si d'aventure il te conteste
S'il te boude s'il te rudoie
Au fond il est content pour toi
C'est un modeste

Si quand un emmerdeur le met
En rogne on ne le voit jamais
Lever sur l'homme une main leste
C'est qu'il juge pas nécessaire
D'humilier un adversaire
C'est un modeste

Et quand il tombe amoureux fou
Y a pas de danger qu'il l'avoue
Les effusions dame il déteste
Selon lui mettre en plein soleil
Son cœur ou son cul c'est pareil
C'est un modeste

Quand on enterre un imbécile
De ses amis s'il raille s'il
A l'œil sec et ne manifeste
Aucun chagrin l'y fie pas trop
Sur la patate il en a gros
C'est un modeste

Et s'il te traite d'étranger
Que tu sois de Naples d'Angers
Ou d'ailleurs remets pas ta veste
Lui quand il t'adopte pardi
Il veut pas que ce soit le dit
C'est un modeste.

Si tu n'as pas tout du grimaud
Si tu sais lire entre les mots
Entre les faits entre les gestes
Lors tu verras clair dans son jeu
Et que ce bel avantageux
C'est un modeste

Lors de son dernier tour de chant à Bobino, en 1976, Brassens, craignant les trous de mémoire, avait recopié ses quatorze chansons nouvelles sur un grand registre en carton à l'intention de Gibraltar, son secrétaire, qui, dans le trou du souffleur et avec une baguette, suivait méticuleusement le texte…
Voici ce registre sur lequel il avait écrit : « partition du souffleur Bobino 76 » !

Le même succès en Amérique latine et en Amérique du Nord.

Le Beaujolais nouveau

En 1975, Georges est convié à déguster le Beaujolais nouveau au restaurant La Pergola, sur les Champs-Élysées. Jane Birkin, que Georges aime bien, a également été pressentie. Il me demande de l'accompagner, car il appréhende la foule. Sur place, nous déchantons, car Birkin a été remplacée par une chanteuse méridionale bien connue. Après la traditionnelle photo en sa compagnie, Brassens n'a qu'une envie : déguerpir ! Il me fait signe de m'approcher de la sortie. Après quelques amabilités, il salue et me rejoint le plus incognito possible. Nous retraversons Paris et, par le plus grands des hasards, nous nous retrouvons attablés au restaurant, en compagnie du directeur des éditions Denoël et du comédien Jacques Fabbri. La bonne chère et le vin aidant, la soirée devient délirante. Georges est ému. Son esprit embrumé lui joue des tours. Voulant appeler le directeur (sujet de Sa Majesté) du nom du personnage de Dickens, Mr Pickwick, il l'appellera toute la soirée, M. Piquoisau, personnage de Marcel Pagnol.

5 décembre 1978 : Georges, Guy Béart et Serge Gainsbourg pour la sortie du livre d'Angele Guller sur la chanson.

Bobino 76 avec les techniciens. Georges a toujours été passionné par la technique du son.

Bobino 1972. Avec Jacques Canetti, Tino Rossi et André Tilleu.

ELECTRONICALLY REPROCESSED STEREO PCC 618
GEORGE BRASSENS
sings of the birds & the bees
PHILIPS
CONNOISSEUR COLLECTION
PHILIPS
gorillas
park benches
umbrellas
butterflys
flowers
naughty boys
the cuckold
trees
etc.

les chansons

LE GORILLE

C'est à travers de larges grilles
Que les femelles du canton
Contemplaient un puissant gorille
San souci du qu'en dira-t-on.
Avec impudeur ces commères
Lorgnaient même un endroit précis
Que rigoureusement ma mère
M'a défendu d' nommer ici,
Gare au Gorille . . .

Tout à coup la prison bien close
Où vivait le bel animal,
S'ouvre on n' sait pourquoi, je suppose
Qu'on avait dû la fermer mal;
Le singe en sortant de sa cage
Dit: "C'est aujourd'hui qu' je le perds."
Il parlait de son pucelage,
Vous aviez deviné, j'espère!
Gare au Gorille . . .

L' patron de la ménagerie
Criait éperdu: "Nom de nom
C'est assommant, car mon gorille
N'a jamais connu de guenon."
Dès que la féminine engeance
Sut que le singe était puceau,
Au lieu de profiter d' la chance
Elle fit feu des deux fuseaux.
Gare au Gorille . . .

Celles-là même qui naguère
Le couvaient d'un oeil décidé,
Fuyaient prouvant qu'ell's n'avaient guère
De la suite dans les idées,
D'autant plus vaine était leur crainte
Que le gorille est un luron
Supérieur à l'homm' dans l'étreinte
Bien des femmes vous le diront,
Gare au Gorille . . .

Tout le monde se précipite
Hors d'atteinte du singe en rut,
Sauf une vieille décrépite
Et un jeune juge en bois brut.
Voyant que toutes se dérobent
Le quadrumane accéléra
Son dandinement vers les robes
De la vieille et du magistrat.
Gare au Gorille . . .

"Bah, soupirait la centenaire,
Qu'on pût encor me désirer
Ce serait extraordinaire
Et pour tout dire, inespéré,"
Le juge pensait, impassible:
"Qu'on me prenn' pour une guenon
C'est complètement impossible."
La suite lui prouva que non,
Gare au Gorille . . .

Supposez qu'un de vous puisse être
Comme le singe obligé de
Violer un juge ou une ancêtre,
Lequel choisirait-il des deux?
Qu'une alternative pareille
Un de ces quatre jours m'échoie
C'est j'en suis convaincu, la vieille
Qui sera l'objet de mon choix,
Gare au Gorille . . .

Mais par malheur, si le gorille
Au jeu de l'amour vant son prix
On sait qu'en revanche il ne brille
Ni par le goût, ni par l'esprit.
Lors au lieu d'opter, pour la vieille
Comme aurait fait n'importe qui
Il saisit le juge à l'oreille
Et l'entraîna dans un maquis.
Gare au Gorille . . .

La suite serait délectable
Malheureusement je ne peux
Pas la dire et c'est regrettable
Ca vous aurait fait rire un peu
Car le juge, au moment suprême
Criait: "Maman", pleurait beaucoup
Comme l'homme auquel le jour même
Il avait fait trancher le cou.
Gare au Gorille . . .

THE GORILLA

It was through heavy bars
That the females of the canton
Contemplated a powerful gorilla
Without thinking what people would say
With immodesty, these good matrons
Even ogled the precise spot
That, rigorously, my mother
Has forbidden me to name here
Beware the gorilla . . .

Suddenly, the jail, well closed,
Where the superb animal lay,
Was opened, no one knows why
I suppose it was badly shut
The ape, coming out of his cage,
Told himself: "I will lose it today."
He was talking about his in-
nocence; you guessed it I hope!
'ware the gorilla . . .

The keeper of the menagerie
Cried distractedly: "For God's sake,
This is upsetting, for my gorilla
Has never had a female!"
As soon as that feminine breed
Knew that the monkey was only a virgin,
Instead of making the most of their chance,
Took off with all possible speed
'ware the gorilla . . .

These same ones who had in the past
Coveted him with a frank eye
Were running off, proving they had
No intention of following their ideas
More especially vain was their fear,
For the gorilla is a strapping fellow
Superior to men in embrace
Many women will tell you so
'ware the gorilla . . .

Everyone rushed away
Out of reach of the monkey in heat
Except a decrepit old crone
And a young greenhorn of a judge
Seeing all the women had vanished
The four-handed one increased his
Undulations toward the skirts of the old one
And the robes of the magistrate
'ware the gorilla . . .

"Pooh," sighed the centenarian,
"That someone desired me still
Would be extra-extraordinary
And unhoped-for to say the least."
The judge thought impassively: "For him
To take me for a female monkey
Is completely impossible."
What followed would prove him wrong
'ware the gorilla . . .

Imagine that one of you could be
As a monkey, feel impelled
To attack a judge or an old woman:
Which one of these two would you choose?
If such an alternative, one of
These days were to fall my lot,
It would be, I am sure, the ancient
Who'd be the object of my choice
'ware the gorilla . . .

But, unhappily, if the gorilla
Is, in the game of love, worth his price,
To compensate, we know he does not
Shine, by his taste nor by his élan
Then instead of choosing the old one
As anyone else would have done
He caught the judge by the ear
And dragged him off into the bush
'ware the gorilla . . .

The following would be delicious
Unfortunately I can not
Say it, which is regrettable;
It would have amused you a bit
For the judge, at the supreme moment,
Cried out "Mama" and wept a lot
As, that very same day, did the man
Whose neck the judge ordered cut
'ware the gorilla . . .

LE PARAPLUIE

Il pleuvait fort sur la grand-route,
Ell' cheminait sans parapluie,
J'en avais un, volé sans doute
Le matin même à un ami.

Courant alors à sa rescousse,
Je lui propose un peu d'abri
En séchant l'eau de sa frimousse,
D'un air très doux ell' m'a dit oui.

Refrain

Un p'tit coin d' parapluie,
Contre un coin d' Paradis.
Elle' avait quelque chos' d'un ange,
Un p'tit coin d' Paradis,
Contre un coin d' parapluie,
Je n' perdais pas au change, Pardi !

Chemin faisant que ce fut tendre
D'ouïr à deux le chant joli
Que l'eau du ciel faisait entendre
Sur le toit de mon parapluie.
J'aurais voulu comme au déluge,
Voir sans arrêt tomber la pluie,
Pour la garder sous mon refuge,
Quarante jours, quarante nuits.
(au refrain.)

Mais bêtement, même en orage,
Les routes vont vers des pays.
Bientôt le sien fit un barrage
A l'horizon de ma folie.
Il a fallu qu'elle me quitte,
Après m'avoir dit grand merci.
Et je l'ai vue toute petite
Partir gaiement vers mon oubli.
(au refrain.)

THE UMBRELLA

It was raining hard upon the highway
She was tramping along without an umbrella
I had one, stolen the same morning
From a friend, you may be sure.

Then running to her rescue,
I offered her a little shelter
And, drying the water from her little face,
She told me yes in a very sweet way.

Refrain:

A little corner of an umbrella
For a corner of paradise
She was almost like an angel
A little corner of paradise
For a corner of umbrella
Indeed, I had the best of the bargain

On the way, how tender it was
Hearing together the pretty song
Made by the water of the sky
On the roof of my umbrella
I would have liked, as in the Flood,
To see the rain falling without end
So I could keep her sheltered
Forty days, forty nights
(refrain:)

But, stupidly, even in the storm,
The roads still lead to the country
Soon she made a road-block
To the horizon of my folly:
She had to leave me
After having thanked me
And I watched her, so tiny,
Happily already beginning to forget me
(refrain:)

Georges et Henri Spade au cours de l'émission télé « Brassens au coin du feu », 1957.

Enregistrement de l'émission de Jean-Marie Perier « Pourquoi t'as les cheveux blancs ? », dans les années 70.

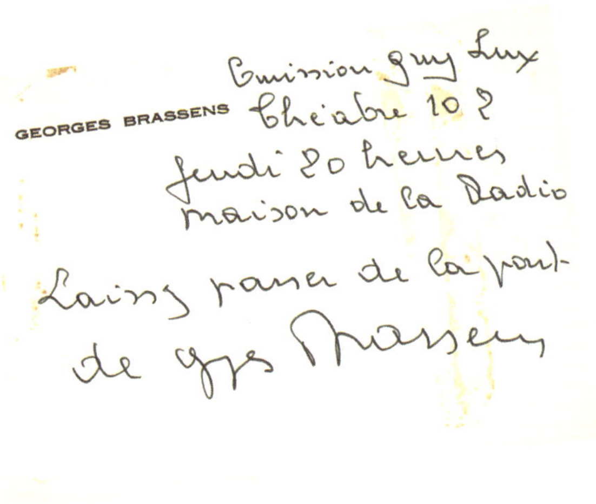
GEORGES BRASSENS
Emission Guy Lux
Théâtre 10 ?
jeudi 20 heures
maison de la Radio
Laissez passer de la part de Gys Brassens

À jeter aux orties

DANS LES ANNÉES 70, passant par le cimetière de Sète où reposent les parents de Brassens, Henri Delpont, l'ami d'enfance, aperçoit sur leur tombe une plaque portant l'épitaphe : « À toi, mère admirable, merci d'avoir donné naissance à un grand poète. » Illico presto, Henri informe l'ami Georges, par téléphone, de sa découverte. « Retire-moi ça tout de suite et apporte-le moi lors de ton prochain passage à Paris » rétorque Brassens, qui, dès qu'il fut en possession de l'objet, s'empressa de le fourrer sous son lit !

GEORGES, MIREILLE ET JEAN SABLON DANS LES COULISSES DE BOBINO, EN 1977.

Georges, un an avant sa disparition, pour la sortie du livre que lui consacre son ami Battista, en octobre 1980.

Toute la tristesse du monde…

Lino Ventura, Sophie Duvernoy et Pierre Onténiente, le 26 novembre 1982.

Jacques Chirac, alors maire de Paris, inaugure le parc Georges-Brassens, situé dans le XVe arrondissement, en présence de Jean Bertola, Henri Colpi, Jacques Caillard, Roger Abat, Louis Nucera, Georges Granier, Mario Poletti, Lino Ventura, Louis Bestiou et Sylvia Monfort (de gauche à droite), le 26 novembre 1982.

L'amitié Les copains

L'auteur et son ami en compagnie de Jean le facteur.

Les amours d'antan

À l'époque de mes vertes années, je partais en vacances dans un village d'Eure-et-Loir avec mes parents et un camarade de mon âge. Un soir, après le repas, nous décidons d'une promenade à vélo. En chemin, nous rencontrons une jeune femme blonde, cousine de mon ami. Nous faisons connaissance. Elle est charmante et semble peu farouche. La nuit complice est propice aux confidences. Bref, je ne tarde pas à « mettre du désordre à ses dentelles ». La belle « me laisse faire mes quatre voluptés dans ses quartiers de noblesse » et nous embarquons pour Cythère. De retour à Paris, nous avons poursuivi l'aventure quelque temps, puis nos routes ont divergé. À dix-sept ans, on est curieux de savoir si, ailleurs, l'herbe est plus verte !

Bien des années plus tard, j'arrive chez Georges et gare ma voiture dans une rue inhabituelle ; brusquement, les souvenirs reviennent : c'est ici qu'habitait jadis ma belle conquête… J'arrive songeur chez Georges et lui conte mon histoire en détail. « Tu veux parler de la grande blonde ? Pardi, je l'ai connue et même très bien. C'était l'époque de mes vaches maigres ! » Curieux destin qui nous a fait goûter aux mêmes délices de Capoue… Nous avions finalement servi dans le même corps !

La mort **du facteur** de Brassens

Facéties avec Jean le facteur et Mario.

Après la disparition de Jeanne, en 1968, Georges quitte l'impasse Florimont et occupe successivement des locaux avenue Reille et rue Émile-Dubois, au dernier étage d'une grande bâtisse baptisée « Le Méridien » où il est le voisin de Jacques Brel et du dessinateur Peynet. Il termine son périple parisien rue Santos-Dumont, dans le xve arrondissement.

Jean Rault, préposé au courrier de l'impasse Florimont depuis des années, et qui était devenu l'ami du « bon maître », demande sa mutation et l'obtient, quand Georges emménage rue Santos-Dumont. Il peut alors continuer de servir Georges jusqu'à la fin de sa carrière. Quelques années plus tard, Jean doit être hospitalisé pour une intervention, qui en principe ne présente pas de risques. Le lendemain, Georges me téléphone : « Mario, je viens d'apprendre le décès de Jean. Il ne s'est pas réveillé après l'opération. » Jean vivait avec Josée Stroobants, amie et photographe de Brassens. C'est même par son intermédiaire qu'ils s'étaient rencontrés. Georges et moi décidons d'aller tenir compagnie à Josée une partie de la nuit, en attendant l'arrivée du fils de Jean Rault.

Quelques jours plus tard, pour soulager le deuil de Josée, Brassens et moi commençons la tournée des administrations et entamons les fastidieuses formalités. Il va sans dire que Georges suscite partout l'intérêt et la curiosité. Bientôt, il me confie : « Je te laisse terminer seul car je passe plus de temps à signer des autographes qu'à remplir des formulaires ! »

Mai 1968

Un soir de mai 1968, les barricades s'élèvent dans Paris et la « fine fleur » des amis est présente chez moi pour fêter la publication du livre d'André Vers, *Martel en tête*. La France est en grève et le quartier Latin en ébullition. Parmi mes invités se trouvent Brassens, René Fallet, André Hardellet, Guy Béart et Christian Marin… Tard dans la soirée, de son accent de titi parisien, René lance à Georges : « On va aller casser du flic ! » « Ce n'est pas ton affaire, mais celle des étudiants » répond Georges avec placidité. Puis on se salue et René serre la main de Christian Marin avec ostentation, de manière à se faire remarquer par Georges, et dit : « T'as une vraie pogne de CRS ! » Réplique immédiate de Georges : « Ça prouve que tu as déjà serré la main d'un CRS ! »

René Fallet, Mario et Georges.

L'amitié inquiète

Un soir de cocktail à Bobino, je m'éclipse rapidement, laissant Georges très entouré. Habitué à me voir ou à m'entendre plusieurs fois par semaine, il s'étonne de mon absence. Quelques jours plus tard, au téléphone, il me déclare tout à trac : « T'es malade ou fâché ? »

Roger Abat, camarade d'enfance et aîné de Georges de trois ans, avec votre serviteur, à Bobino. Brassens disait à Roger : « À une époque, tu as eu le double de mon âge, mais ça n'a pas duré ! »

Brassens
et l'actualité

Un après-midi du mois de septembre 1981, Georges n'est pas au mieux. Sophie (sa gouvernante) repasse au salon tout en regardant la télévision. Georges, fatigué, regarde également le petit écran. Je suis assis sur le canapé et Brassens me dit d'un ton narquois : « Si tu veux bien me laisser ta place… car ici c'est moi le malade. Mets-toi à côté. » Sur l'écran, des militaires défilent en Égypte. Brusquement, une fusillade éclate et le président Sadate est tué en direct sous nos yeux. « Je ne veux plus voir ça, je préfère quitter ce monde », nous dit Georges atterré. Plus de vingt ans après, j'imagine combien l'humaniste Brassens eût été désespéré devant la folie meurtrière qui s'amplifie sur notre planète.

L'auteur sur la tombe de Brassens, à Sète.

Ainsi tout change, ainsi tout passe
Ainsi nous-mêmes nous passons
Hélas sans laisser plus de trace
Que cette barque où nous glissons
Sur la mer où tout s'efface.

Lamartine

Querelle de Ritals

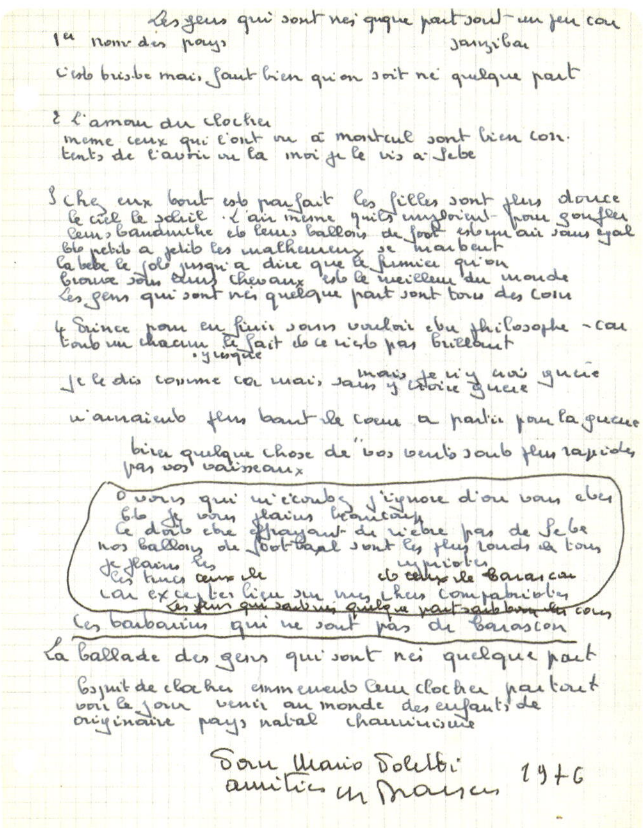

Les gens qui sont nés qu'que part sont un peu con
1er nom des pays Zanzibar
c'est triste mais faut bien qu'on soit né quelque part

2 l'amour du clocher
même ceux qui l'ont vu à Montcul sont bien contents de l'avoir vu là moi je le vis à Sète

3 chez eux tout est parfait les filles sont plus douces
le ciel le soleil l'air même qu'ils emploient pour gonfler
leurs bandonéons et leurs ballons de foot est un air sans égal
et petit à petit les malheureux se montent
la tête le col jusqu'à dire que le fumier qu'on
trouve sous leurs chevaux est le meilleur du monde
les gens qui sont nés quelque part sont tous des cons

4 Prince pour en finir sans vouloir être philosophe car
tout un chacun le fait et ce n'est pas brillant
·risque

Je le dis comme ça mais sans y croire guère / mais je n'y crois guère

n'auraient plus tant le cœur à partir pour la guerre

bien quelque chose de vos vents sont plus rapides
par vos vaisseaux

Ô vous qui m'écoutez j'ignore d'où vous êtes
et je vous plains beaucoup
Ce doit être effrayant de n'être pas de Sète
nos ballons de foot-ball sont les plus ronds de tous
je plains les
les trucs ceux de / et ceux de Tarascon
car excepté bien sûr mes chers compatriotes
~~les gens qui sont nés quelque part sont tous des~~ cons
les barbarins qui ne sont pas de Tarascon

La ballade des gens qui sont nés quelque part

esprit de clocher emmènent leur clocher partout
voir le jour venir au monde des enfants de
originaire pays natal chauvinisme

Pour Mario Poletti
amitiés G. Brassens 1976

Georges : « Mario, tu as sans doute remarqué que je suis entouré d'étrangers : Püpchen est Estonienne, Sophie est Polonaise, Gibraltar est Espagnol et je ne compte pas les Belges (Cordier, Tillieu, Louka) qui gravitent autour de moi… Quant à toi, bien que né à Robinson, tu ne vas pas me faire croire que tu es Français avec ton blaze rital !… D'ailleurs, avec Boudard, on se souvient que tu nous mitraillais sur les routes pendant la guerre ! »

Moi : « Dis, Georges, tu oublies que ta mère est Napolitaine ! »

Georges : « Bon, allez… va chercher deux bières dans le frigo, on n'en parle plus. »

Dans l'intimité de l'artiste : Georges, décontracté, Püpchen, rayonnante et René Fallet, admiratif.

Sacré nom d'une pipe !

SUR CETTE PHOTO, le cigare planté dans la pipe de Georges est un « Toscani » au goût fort, âpre et amer, cigare transalpin qu'il appréciait particulièrement. Pour tout dire, de la nicotine à l'état pur ! Malgré plusieurs tentatives, je n'ai jamais pu m'habituer à ce brûle-gueule. Pierre Onténiente, Sophie et moi-même, serviteurs zélés, étions chargés d'écumer les bureaux de tabac à la recherche de ce « poison », peu répandu à Paris. Nous nous étions réparti la tâche et avons sans doute dû fréquenter les mêmes lieux dans le XVe arrondissement, car, un jour, un buraliste déclara devant moi à son épouse : « Qu'est-ce qu'on me demande comme Toscani en ce moment ! » Pierre et Sophie étaient déjà passés par là…

Notons que Georges essuya parfois des remarques acerbes à propos du tabac. Un jour, un « représentant de la loi » lui demanda de ne pas fumer dans un lieu public. « Vous ne nous faites pas de cadeaux, il n'y a pas de raison que je vous en fasse ! » Une autre fois, il déclara à un spectateur qui lui reprochait la même chose : « Vous savez, je suis plus fumeur que chanteur ! »

Les effets de la timidité de Brassens

Ces deux photographies évoquent un joyeux souvenir. En 1974, une « journée Beaujolais », dans les caves d'Issy-les-Moulineaux, réunissait quelques leveurs de coude : les frères Fallet, André Vers, André Hardellet, Jean Carmet et bien d'autres… « Je n'ai pas la mémoire des noms »… sous le regard du « plus que parfait de l'objectif » de Robert Doisneau, dans une ambiance de fin de classe. Brassens était l'invité d'honneur. Ce jour-là, je fis la connaissance de Claude Sudre, attaché de presse des cycles Mercier, dont la vedette était Raymond Poulidor.

En 2003, au festival Brassens de Vaison-la-Romaine, j'ai retrouvé Claude qui m'a relaté une anecdote qui l'avait amusée lors de notre première rencontre. « Sais-tu, Mario, pourquoi j'étais venu à Issy en 74 ?… C'est parce que j'avais l'intention d'offrir à Brassens deux vélos de la marque qui m'employait. Ma préoccupation principale était de les dissimuler au regard de Georges en arrivant, pour lui faire une surprise, et tu avoueras que deux vélos, c'est pas facile à cacher ! Je fis part à Gibraltar de mon souci. Celui-ci me répondit le plus tranquillement du monde cette chose incroyable : "Pose tes vélos sur le toit de ta voiture…" Devant ma stupéfaction, Gibraltar ajouta : "Georges ne les verra pas, quand il est à l'extérieur, il ne lève jamais le regard !" »

Histoire de cabot

En 1975, circulant à vélomoteur, je suis la victime d'un motocycliste irascible, qui, après m'avoir invectivé, m'agresse avec un « poing américain » et m'envoie, pour le compte, au tapis ! Trois jours plus tard, je suis invité avec Georges chez Roger Abat. J'arbore d'inhabituelles lunettes noires pour dissimuler un superbe coquart. À ma vue, Georges s'esclaffe : « Tu entres dans la famille des cabots, maintenant ? » Bientôt, je délaisse mes lunettes, laissant la vedette à qui vous savez.

Georges me disait : « Qui t'a tapé dans l'œil ? »

Les appréhensions du « bon maître »

Georges en compagnie de René et Michou Iskin.

Avec « Lolo » le pêcheur sétois.

Un soir d'été, René Iskin, son épouse et votre serviteur prenons congé de Georges, rue Santos-Dumont. D'ordinaire, il reste en retrait de la porte, comme les chats qui ne s'aventurent guère à l'extérieur. Il est en survêtement d'appartement, mais, la douceur du soir aidant, la conversation continue sur le trottoir. Face à nous se présente un jeune couple. « Regarde ! C'est Brassens », dit le jeune homme à sa compagne, d'origine britannique, qui se précipite vers nous. « Lequel d'entre vous est Brassens ? » s'enquiert-elle. Aussitôt, Georges, de son médius, me désigne dans un éclat de rire général.

Un autre soir, d'hiver celui-là, Georges et moi sortons du théâtre du Lucernaire. Ma voiture est garée à proximité. Mais je m'aperçois que Georges est saisi de tremblements : le contraste du chaud et du froid le fait grelotter. Je lui propose donc de m'attendre sur place pendant que je vais chercher la voiture. Quelques minutes plus tard, quand je le dépose devant chez lui, il est un peu réchauffé. Je m'apprête à le quitter, mais Georges me retient : « Attends que j'aie ouvert ma porte, car si je ne retrouve pas mes clefs, je ne sais pas où j'irai finir la nuit ! »

Georges admire les tableaux d'Éric Battista, chez moi et chez lui, en Bretagne.

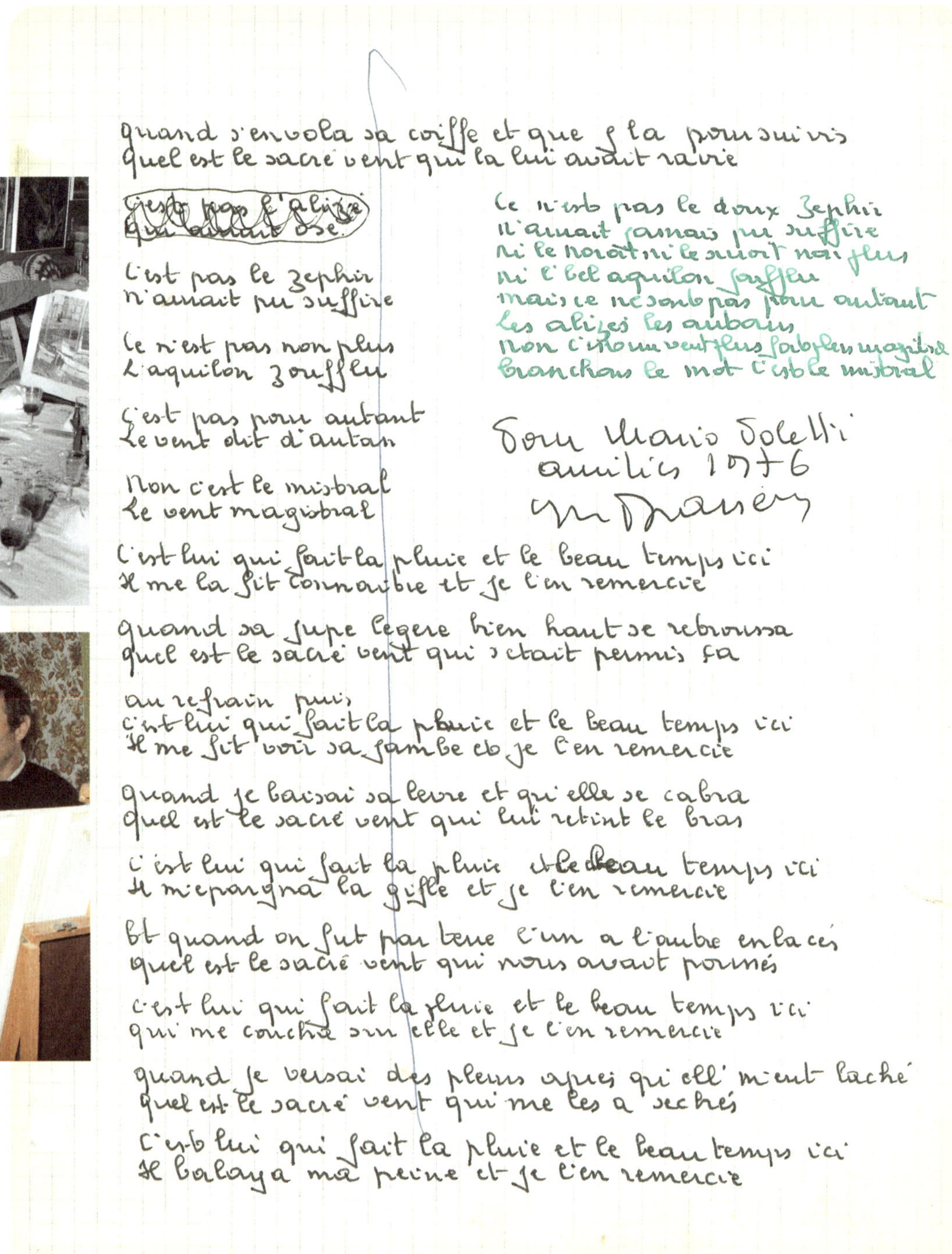

quand s'envola sa coiffe et que j'la poursuivis
quel est le sacré vent qui la lui avait ravie

~~C'est pas l'alizé~~
~~qui aurait osé~~

C'est pas le zéphir
n'aurait pu suffire

Ce n'est pas non plus
l'aquilon joufflu

C'est pas pour autant
le vent dit d'autan

Non c'est le mistral
le vent magistral

Ce n'est pas le doux zéphir
n'aurait jamais pu suffire
ni le noroît ni le suroît non plus
ni l'bel aquilon joufflu
mais ce ne sont pas pour autant
les alizés les autans
non c'est un vent plus fabuleux magistral
tranchons le mot c'est le mistral

Pour Mario Poletti
amitiés 1976
G. Brassens

C'est lui qui fait la pluie et le beau temps ici
Il me la fit connaître et je l'en remercie

quand sa jupe légère bien haut se retroussa
quel est le sacré vent qui s'était permis ça

au refrain puis
c'est lui qui fait la pluie et le beau temps ici
Il me fit voir sa jambe et je l'en remercie

quand je baisai sa lèvre et qu'elle se cabra
quel est le sacré vent qui lui retint le bras

c'est lui qui fait la pluie et le beau temps ici
Il m'épargna la gifle et je l'en remercie

Et quand on fut par terre l'un à l'autre enlacés
quel est le sacré vent qui nous avait poussés

c'est lui qui fait la pluie et le beau temps ici
qui me coucha sur elle et je l'en remercie

quand je versai des pleurs après qu'ell' m'eut laché
quel est le sacré vent qui me les a séchés

c'est lui qui fait la pluie et le beau temps ici
Il balaya ma peine et je l'en remercie

Brouillon de la chanson *Le Chapeau de Mireille*, offerte à Marcel Amont.

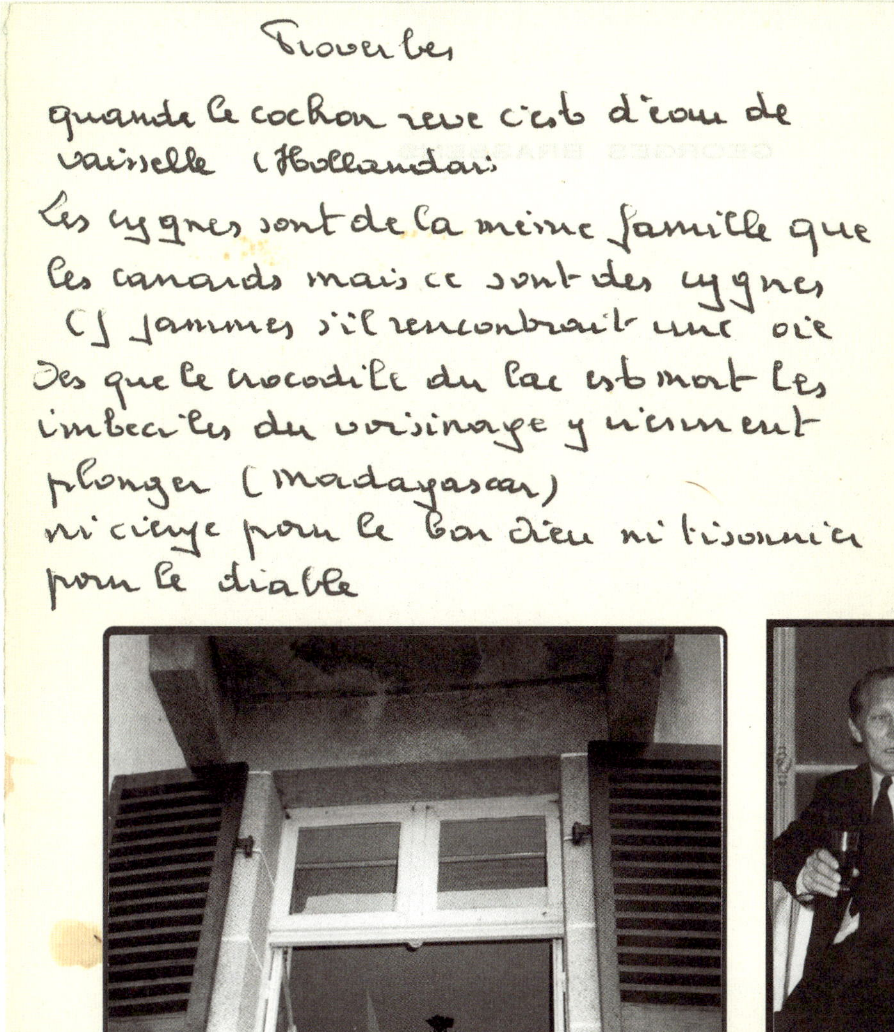

Proverbes

quand le cochon rêve c'est d'eau de vaisselle (Hollandais)

Les cygnes sont de la même famille que les canards mais ce sont des cygnes

Cf Jammes s'il rencontrait une oie

Dès que le crocodile du lac est mort les imbéciles du voisinage y viennent plonger (Madagascar)

ni cierge pour le bon dieu ni tisonnier pour le diable

Ces proverbes avaient retenu l'attention de Brassens qui les avait notés.

Avec Éric Battista et sa fille, Clotilde.

Les cinquante ans de Georges : les adieux à l'impasse Florimont. Georges est entouré de Jean Bertola, qui interpréta ses chansons posthumes, d'André Tillieu et du journaliste Pierre Bourdier.

Fait rarissime : Brassens dans un avion, celui de Marcel Amont.

Un vrai « mafioso » (origines italiennes peut-être ?).

Essayage de couvre-chefs avec André Vers.

Avec le chanteur anglais Jake Thackray.

Chez Georges en galante compagnie. Avec son cousin, Georges Granier et à droite, Pierre Onténiente.

La vie était belle près de Georges…

Avec Louis Nucera pour la sortie de son livre, et Claude Nougaro.

De gauche à droite : Joseph Kessel, Georges Walter, Enrico Macias, Georges, André Asseo et Louis Nucera dans un restaurant des Halles à Paris.

Émile Miramont, dit « Corne d'aurochs » à Vaison-la-Romaine, en 2003.

Georges Brassens : « Corne d'aurochs, mon ami, un jour… on lui a commandé d'aller descendre un collaborateur, de l'attendre devant sa porte et de lui filer deux balles dans la peau. Et bien, je pensais que ce n'était pas pour moi tout ça. »

Michel Lancelot : « Parce que Corne d'aurochs a vraiment existé ? »

Georges Brassens : « Oui, bien sûr, il existe toujours du reste. Et lui non plus n'a pas abattu ce collaborateur. Il n'a pas osé le faire. Et je le comprends. Si je ne me suis pas engagé plus avant dans la Résistance, c'est que, d'une part, évidemment, il me tardait de voir l'occupant partir, mais, d'autre part, certaines méthodes, qui étaient employées pour faire partir l'occupant, n'avaient pas mon approbation totale. Je n'aime pas beaucoup qu'on tue des gens, même quand ils sont coupables. Je n'aime pas la violence. J'ai peut-être tort. Mais c'est comme ça. »

Conversation avec Georges Brassens extraite du livre de Michel Lancelot *Campus*, publié en 1971.

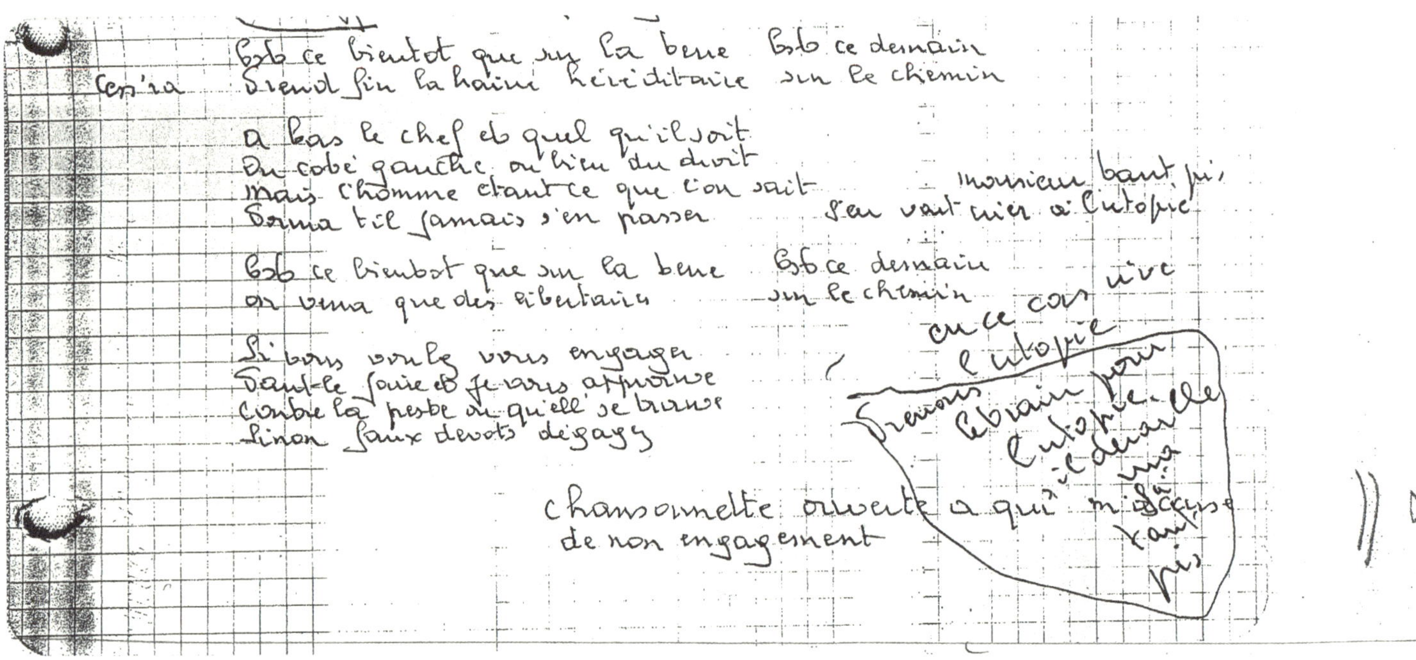

Est-ce bientôt que sur la terre — Est-ce demain
Prend fin la haine héréditaire — sur le chemin

A bas le chef et quel qu'il soit
Du côté gauche ou bien du droit
Mais l'homme étant ce que l'on sait — monsieur tant pis
Saura-t-il jamais s'en passer — s'en vont vers l'utopie

Est-ce bientôt que sur la terre — Est-ce demain
On verra que des libertaires — sur le chemin

Si vous voulez vous engager
Faut le faire et je vous approuve
Contre la peste où qu'elle se trouve
Sinon faux dévots dégagez

Prenons le train pour l'utopie s'il déraille ma foi tant pis

Chansonnette ouverte à qui m'accuse de non engagement

Extrait de « Chansonnette ouverte à qui m'accuse de non-engagement ». Ce brouillon de chanson a été retrouvé dans les « cartons » de Brassens. Comme en un clin d'œil, il termine par ces vers (réalistes ou utopiques ?) : « Prenons le train pour l'utopie. S'il déraille, ma foi, tant pis… »

Brassens et les

les militaires

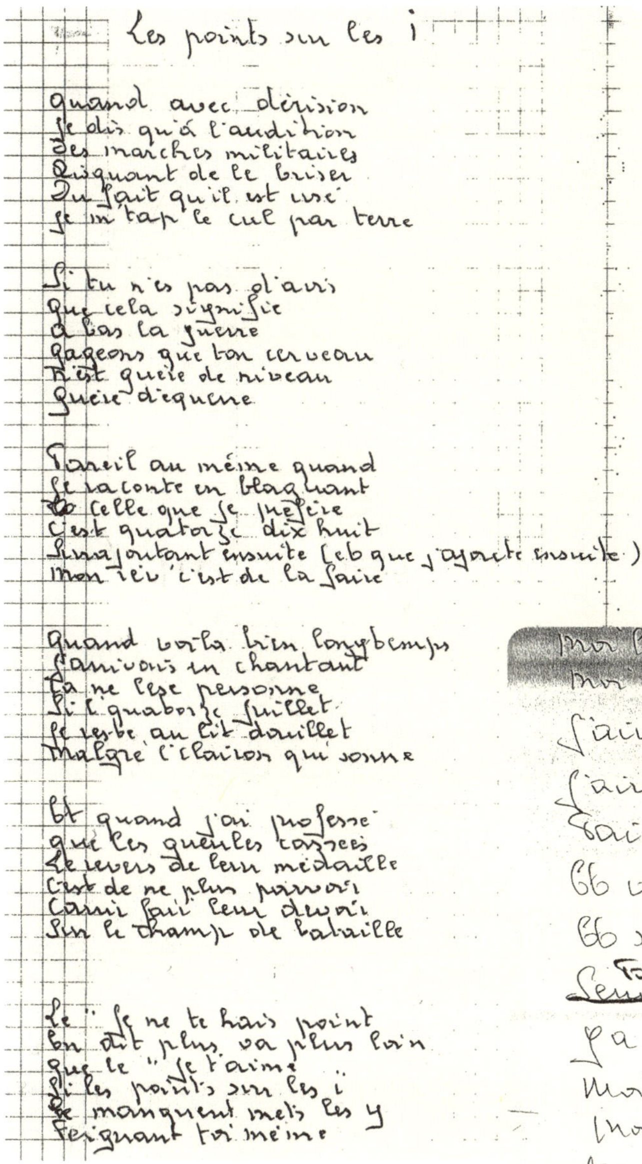
Les points sur les i

Quand avec dérision
Je dis qu'à l'audition
Des marches militaires
Risquant de le briser
Au fait qu'il est usé
Je m'tape le cul par terre

Si tu n'es pas d'avis
Que cela signifie
À bas la guerre
Gageons que ton cerveau
N'est guère de niveau
Guère d'équerre

Pareil au même quand
Je raconte en blaguant
~~Que~~ Celle que je préfère
C'est quatorze dix huit
Sur ajoutant ensuite (et que j'ajoute ensuite)
Mon rêv' c'est de la faire

Quand voilà bien longtemps
J'arrivais en chantant
Ça ne lèse personne
Si l'quatorze juillet
Je reste au lit douillet
Malgré l'clairon qui sonne

Et quand j'ai professé
Que les gueules cassées
Le revers de leur médaille
C'est de ne plus pouvoir
Casser fait leur devoir
Sur le champ de bataille

Le " Je ne te hais point "
En dit plus va plus loin
Que le " Je t'aime "
Si les points sur les i
Te manquent mets les y
Feignant toi même

Les Points sur les i, UNE CHANSON PACIFISTE RESTÉE INACHEVÉE.

JE ME SOUVIENS DE GEORGES LORS DE L'ÉMISSION *Apostrophes* de Bernard Pivot consacrée à « l'esprit militaire », en 1975. Convié par Bernard Clavel pour apporter la contradiction face aux représentants de la « grande muette », Brassens parle peu, se contentant d'élever un rideau de fumée entre lui et les militaires… Cependant, ses rares interventions claquent comme autant de coups de feu ! À Pivot qui lui demande ce qu'il pense de l'armée et de ses représentants, il répond par cette boutade : « Je n'en ai jamais vu autant que ce soir ! » Plus incisif, s'adressant au général Bigeard qui loue ses chansons, il décoche : « Je vous en prie, n'en dites pas tant de bien, vous allez me faire perdre mon public ! » Poursuivant : « Moi je n'aime pas la patrie, j'aime la France, c'est différent… » et à propos de *La Marseillaise* : « La musique ça passe, mais le texte est à revoir ! » Est-ce cette émission qui lui a inspiré les quelques vers qui suivent ?

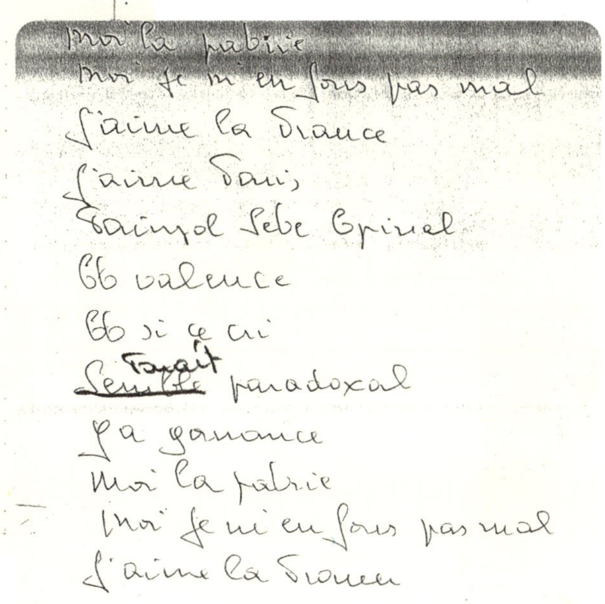
Moi la patrie
Moi je m'en fous pas mal
J'aime la France
J'aime Paris
Paimpol Sète Épinal
Et Valence
Et si je cri
~~Semble~~ Tout paradoxal
Ça garance
Moi la patrie
Moi je m'en fous pas mal
J'aime la France

ÉBAUCHE D'UNE CHANSON INTITULÉE *Ma patrie.*

Brassens
chanteur favori **d'Alain Colas**

De retour de Bretagne, je me trouve placé, dans le TGV, en face de l'épouse d'Éric Tabarly. Par association d'idées, me reviennent en mémoire les paroles de Georges lors de la disparition d'Alain Colas. « Tu n'es pas sans savoir que le navigateur pendant ses traversées, pour se distraire, écoute du Brassens car il a emporté mes cassettes sur son rafiot. On le croit disparu, mais, si tu veux mon avis, il est retenu quelque part en Amazonie par des tribus locales et celles-ci écoutent peut-être mes chansons. »

L'auteur entouré de sirènes, à gauche Püpchen, à droite Josée Stroobants photographe de Georges, surnommée « la Belge ».

Jacques Brel disait : « Brassens a le plus beau sourire d'homme que je connaisse ». Un visage qui reflète la tendresse et la bonté.

Le matelot Brassens.

Brassens se protège des inconvénients de la notoriété

Bernard Lavalette, le comédien-chansonnier, ami de Georges de longue date, m'a conté ceci : un soir de spectacle, Brassens et sa compagne Püpchen étaient loin l'un de l'autre. Bernard propose à Georges, avec réserve, de l'inviter à dîner chez lui. Inquiet de se retrouver à table avec des personnes inconnues, et pour gagner du temps, Brassens lui propose astucieusement de demander l'accord de Püpchen. Bien sûr, elle accepte, sous réserve que Georges donne son accord ! Bernard revient vers Brassens, lequel consent enfin, à condition qu'ils restent entre eux.

À quelque temps de cela, Louis Leprince-Ringuet, qui souhaite dîner avec Georges, entreprend la même démarche. Püpchen, consciente de la valeur de l'homme, insiste pour le décider. Après mûre réflexion, et à notre grand étonnement, Brassens décline l'offre en nous expliquant : « Je suis flatté que cet homme estimable désire me rencontrer, mais j'en pressens les conséquences. Il ne sera évidemment pas seul et d'autres personnes vont vouloir m'inviter à leur tour. Je ne vais plus m'en sortir et le temps va me manquer pour travailler mes chansons. » Et il ajoute : « Quand je vais chez toi, Mario, je suis rassuré. Personne n'a la mauvaise idée de m'inviter… »

MARIO, PIERRE ONTÉNIENTE ET BERNARD LAVALETTE.

À Bobino, dans sa loge, Brassens « chauffe » ses cordes de guitare.

Chez Michel Simon

Chez Michel Simon, l'atelier du peintre Poilpot.

En 1965, j'avais apprécié au théâtre Gramont l'extraordinaire prestation de Michel Simon dans la pièce de René de Obaldia *Du vent dans les branches de Sassafras.* J'eus le bonheur de retrouver ce comédien exceptionnel en privé grâce à Georges qui avait organisé une rencontre, un jour de l'été 1973, à Noisy-le-Grand, en présence de Christian Marin. L'artiste vivait dans une grande bâtisse construite par Gambetta. Celle-ci était composée de trois corps de bâtiments et d'un parc imposant, dont la végétation luxuriante envahissait le domaine. L'endroit était riche de souvenirs. Le peintre cocardier Poilpot avait occupé les lieux et avait reçu dans son atelier Alphonse Allais, Tristan Bernard, Courteline et bien d'autres… Henri Langlois y avait caché, pendant la dernière guerre, les futures archives de la Cinémathèque française et des bobines de films non identifiés, et à jamais perdues, jonchaient encore le sol devant la cheminée. L'abbé Pierre y avait également séjourné.

Sur la façade de la maison, grimpant jusqu'au toit, un échafaudage métallique avait été construit à l'usage des singes pour lesquels le comédien nourrissait une passion, notamment pour sa dernière protégée, la guenon Zaza. Après le déjeuner, nous avons écouté le « vieil homme » intarissable et éclectique, aussi bon photographe que comédien, et passionné de littérature classique. Il tint à nous photographier abondamment avec l'appareil que Georges venait de lui offrir. Que sont devenus, trente ans plus tard, ces documents ?

Puis Michel Simon, qui portait un vif intérêt à la pornographie, souhaita nous projeter ses films « osés ». « Je vous propose un petit coup de lanterne magique, vous ne serez pas déçus », nous dit-il avec sa prononciation si particulière. Mais Brassens, « pornographe du phonographe », au verbe gaulois, était en réalité un grand pudique rétif à ce genre de projection. Nous prîmes alors

MICHEL SIMON, CHEZ LUI, CONTEMPLANT LES RESTES DES BOBINES DE LANGLOIS CACHÉES-LÀ PENDANT LA GUERRE.

GEORGES
ET MICHEL SIMON.

congé rapidement, Georges en tête, au grand désarroi du maître des lieux.

Cette journée inoubliable demeure gravée dans ma mémoire avec une précision étonnante. Quelques mois plus tard, j'appris à Georges la disparition de Michel Simon, qui repose en terre suisse et pour lequel un office religieux a été célébré en l'église de la Madeleine. « Quel dommage que je n'aie pas été averti à temps, car nous serions allés lui rendre un ultime hommage », me dit le mécréant.

Brassens au procès **d'André Hardellet,** subtil poète peu connu

Mario et André Hardellet en 1968.

Ce jour de l'année 1973, au Palais de Justice de Paris, la 17e chambre correctionnelle juge André Hardellet pour la parution de son livre *Lourdes, lentes*, considéré comme portant atteinte aux bonnes mœurs. Pourtant, à cette époque déjà, les revues pornographiques s'étalent à la devanture des kiosques à journaux, même devant le Palais de Justice. Pour soutenir moralement André, les amis sont présents, parmi lesquels Julien Gracq, André Vers, René Fallet, et, bien sûr, Georges Brassens. Il y a également Guy Béart qui a signé la musique du beau texte d'Hardellet, « Bal chez Temporel » et qui rendra hommage au « poète du regret » en baptisant « Temporel » sa maison de disques. Un jeune avocat de Marseille est chargé de défendre Hardellet, mais, malgré une brillante plaidoirie, l'écrivain est condamné à une amende. Il ne s'en remettra pas et décèdera peu après.

Avant le procès de notre ami, nous avons assisté à une affaire cocasse, un vrai mélo. Fraîchement séparé de sa femme, un homme charge un ami de récupérer ses affaires en se faisant passer pour un agent de police. Mais son épouse, découvrant la supercherie, porte plainte et le trio se retrouve devant les juges. Une situation qui eût pu inspirer Feydeau. Tandis que l'auditoire s'amuse, Georges me glisse à l'oreille : « Ce n'est déjà pas glorieux d'être flic, mais se faire passer pour tel, c'est bien pire encore ! »

André était fasciné par l'univers magique de la photographie. Dans un de ses ouvrages, il écrivait :
« À mes yeux, l'invention de Niepce possède un caractère presque diabolique : une photographie est un souvenir en hibernation qui nie l'écoulement du temps. Avec un peu de chance, nous aurions pu contempler la figure d'Yseult ou le camp du Drap d'or. Le mouvant tombe dans le piège de la chambre obscure, tout s'arrête, substitue son éternité essentielle à l'apparence d'une fuite interrompue. »

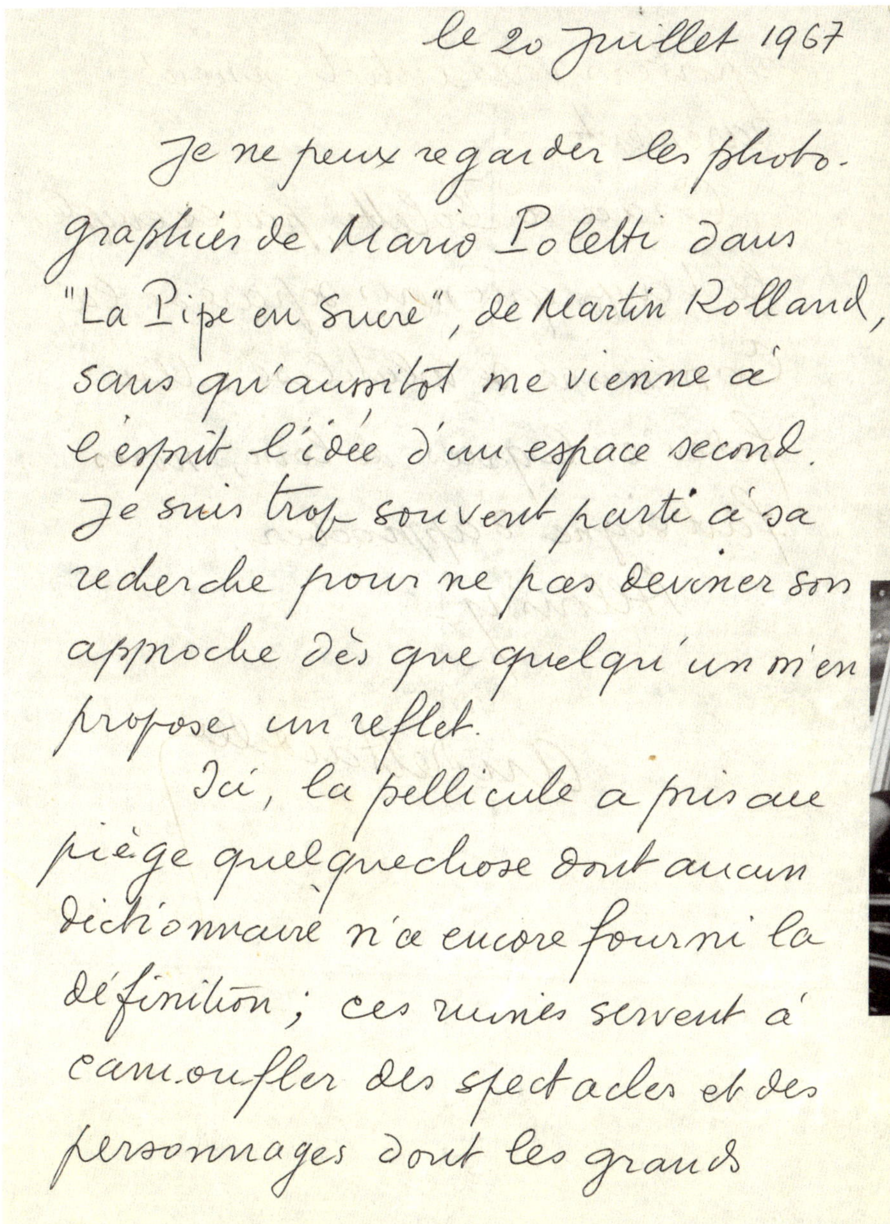

le 20 juillet 1967

Je ne peux regarder les photographies de Mario Poletti dans "La Pipe en Sucre", de Martin Rolland, sans qu'aussitôt me vienne à l'esprit l'idée d'un espace second. Je suis trop souvent parti à sa recherche pour ne pas deviner son approche dès que quelqu'un m'en propose un reflet.

Ici, la pellicule a pris au piège quelquechose dont aucun dictionnaire n'a encore fourni la définition ; ces ruines servent à camoufler des spectacles et des personnages dont les grands

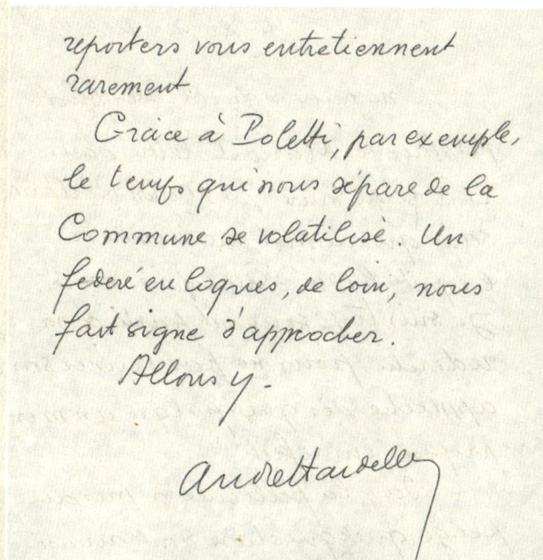

reporters vous entretiennent rarement.

Grâce à Poletti, par exemple, le temps qui nous sépare de la Commune se volatilise. Un fédéré en loques, de loin, nous fait signe d'approcher.

Allons-y.

AndréHardellet

Lettre d'André Hardellet datée du 20 juillet 1967.

André Hardellet, votre serviteur, le peintre Martin Rolland et Claude Fallet, frère de l'autre !

De l'érotisme
chez Brassens et Hardellet

Les travaux universitaires sur les chansons de Brassens prolifèrent : preuve que son œuvre défie le temps. Une étudiante ayant voulu consacrer un chapitre de son mémoire brassénien à l'érotisme, en a été dissuadée par sa directrice d'études. « Chez Gainsbourg et chez Pierre Perret, mais pas chez Brassens ! » a-t-elle déclaré, péremptoire. Et pourtant… dès 1969, à Bobino, dans la chanson *Révérence parler*, provisoirement délaissée, Brassens chantait :

« C'est la grande pitié de la langue française
De n'offrir aucun mot poétique, princesse,
À cet incomparable instrument de bonheur.
Mais le pire de tous est un petit vocable
De trois lettres pas plus, familier, coutumier…
Honte à celui-là qui, par dépit, par gageure
Dota du même nom dans son jargon fumeux
Qui vous savez Madame et la cinglante injure.
Celui-là c'est probable, en était un fameux. »

À quelques mots près, c'est le texte du *Blason*, que Brassens reprendra en 1972, sur une autre musique.

Si cette louange du sexe de la femme n'est pas de l'érotisme, qu'est-ce donc ?

En 1969 également (année érotique, chantait Gainsbourg…), l'écrivain-poète André Hardellet, ami de Brassens, publiait, sous le pseudonyme de Steve Masson : *Lourdes, lentes*… un roman qui lui valut les foudres de la censure. Il fut condamné pour pornographie, en 1973, par la 17e Chambre correctionnelle de Paris, puis amnistié, suite à l'élection présidentielle de 1974. Cet injuste procès, auquel assistait Brassens, affecta fort André Hardellet, jusqu'à sa disparition peu après. N'avait-il pas déclarer : « L'érotisme, qui voudrait prolonger l'âme des émerveillements, est traqué par ceux qui ne peuvent plus s'émerveiller. » Qu'écrivait Hardellet dans ce roman ? « Les mots se dégradent… il faut ranimer le pouvoir primitif et magique des mots : CON provoque toujours chez moi le même choc dès que je parviens à l'entendre réellement hors de son con-texte… Je voudrais que des types trapus… des linguistes m'expliquent pourquoi ces trois lettres sont devenues le symbole de la, de notre stupidité… sacrés cons vous-mêmes ! » Coïncidence ? Les deux hommes avaient-ils évoqué ensemble le sujet ?

En 1972, Brassens avait même ajouté le couplet suivant :
« Face le ciel qu'un jour, dans un trait de génie,
Un poète inspiré, que Pégase soutient,
Donne, effaçant d'un coup des siècles d'avanie,
À cette vraie merveille, un joli nom chrétien. »

Hardellet a-t-il entendu cette chanson ? Brassens s'est-il inspiré d'Hardellet ?

En 1975, comme Brassens en 1963, l'auteur de *Lourdes, lentes*… eut les honneurs de la collection « Poètes d'aujourd'hui », chez Seghers. Hubert Juin y écrit : « L'érotisme… un plaisir très grave et très pur. Que ce roman ait été condamné est la preuve que ce qui est authentique effraie […]. L'érotisme ce n'est pas la vulgarité dont les nantis sont friands. »

Hardellet, dans son roman, nous confie : « L'érotisme, je le connais feutré, grave, à l'opposé de la gaudriole. » C'est cet érotisme-là que décrit notre troubadour moderne, Madame le professeur. Outre l'exercice littéraire habituel qu'il affectionne, Brassens sacrifie au culte de Vénus, au culte du con, qu'il con-sacre, si j'ose dire, rejoignant ainsi son ami Hardellet.

Hardellet dédicace son livre *Lourdes, lentes*, en 1973. De gauche à droite : Mario, le directeur de la librairie, Christian Marin, Alphonse Boudard, caché, Louis Nucera, un visiteur, Brassens et René Fallet.

Les deux hommes s'estimaient. Brassens écrivait dans une préface posthume : « Puisque notre cher Hardellet croyait en la vie éternelle, il y a des chances qu'il lise ces lignes et sache un peu tout le bien que je pensais de son œuvre et toute la joie qu'elle me dispensait. » Henri Hardellet, n'en doutons pas, lui a retourné son compliment dans l'au-delà…

Un mois, jour pour jour, avant sa disparition en juin 1974, André Hardellet me rend visite aux éditions Plon. Son visage est marqué par sa condamnation. Il me demande de lui fournir le livre *La Vie après la mort*, en vogue à l'époque. Quelques jours plus tard il disparaissait…

Le père Tavernier

Enregistrement de la chanson *Le Roi*, avec des chœurs. Monsieur Tavernier à côté de Georges.

En 1971, pour les cinquante ans de Georges, à l'impasse Florimont. À gauche, André Vers, Georges de dos ; au fond, Pierre Onténiente et Jean Bertola ; à droite, le père Tavernier.

Monsieur Tavernier, directeur artistique chez Philips, avait dirigé l'enregistrement des tout premiers disques de Georges, dans les années 50. Les deux hommes éprouvaient une estime et un respect mutuels. Quelques années plus tard, Brassens usera de son prestige pour que Monsieur Tavernier conserve son poste. Ce dernier était apparenté à Raoul Dufy et avait fréquenté Albert Marquet, autre peintre disparu en 1947. La veuve de Marquet, Marcelle, était encore en vie dans les années 70. Monsieur Tavernier était donc heureux de faire connaître Madame Marquet à Brassens. En compagnie d'autres peintres, nous nous étions rendus dans l'atelier.

Le chevalet était toujours en place, de même que le gros vase contenant les pinceaux du maître. Les murs étaient couverts de toiles de Marquet et de nombreux autres peintres. Par la fenêtre, nous pouvions voir, sur l'autre rive de la Seine, les magasins de la Samaritaine que le peintre avait fixés sur une toile célèbre. Sur les carreaux de la salle de bains, devant lesquels j'ai photographié Georges, on remarquait des dessins de la ville d'Alger, réalisés par le maître des lieux. Marcelle Marquet, paralysée depuis plus de vingt ans, était ravie de notre visite, tout autant que nous l'étions nous-mêmes. Le peintre Maurille Prévost a d'ailleurs continué de rendre visite à la vieille dame jusqu'à sa disparition.

Un soir, à Santos-Dumont, chez Georges, Monsieur Tavernier s'était attardé plus que de coutume. Je m'étais donc proposé pour le raccompagner en voiture dans sa lointaine banlieue, où son épouse souffrante l'attendait. J'ai conservé un triste souvenir de ce retour nocturne. La maison de Monsieur Tavernier se trouvait totalement isolée, loin de tout éclairage et, en le quittant, j'eus l'impression de l'abandonner. Peu de temps après, lui aussi s'en est allé rejoindre le vieux Léon.

Marcel Renot
l'anarchiste

Georges avait conservé de l'affection pour son vieil ami Marcel Renot qui résidait en grande banlieue. Nous allions plusieurs fois l'an lui rendre visite, les poches pleines de tabac, en compagnie de Jean le facteur. On lui avait coupé le bas de la jambe bien des années auparavant et, sur la fin de sa vie, il était très dépendant et ne pesait plus que cinquante kilos. Marcel Renot avait une grande connaissance du Paris ancien. À la demande de Georges, je lui avais prêté deux importants volumes sur la capitale qu'il avait soigneusement recouverts d'un fort papier, soucieux qu'il était de leur conservation.

Chaque fois qu'il passait à Bobino, Brassens allait le chercher à son domicile et, pour qu'il puisse assister à son spectacle, le portait dans ses bras jusqu'en coulisses. Lors de son enterrement, Georges, fait rarissime, était présent à l'office religieux, à l'étonnement de l'assistance.

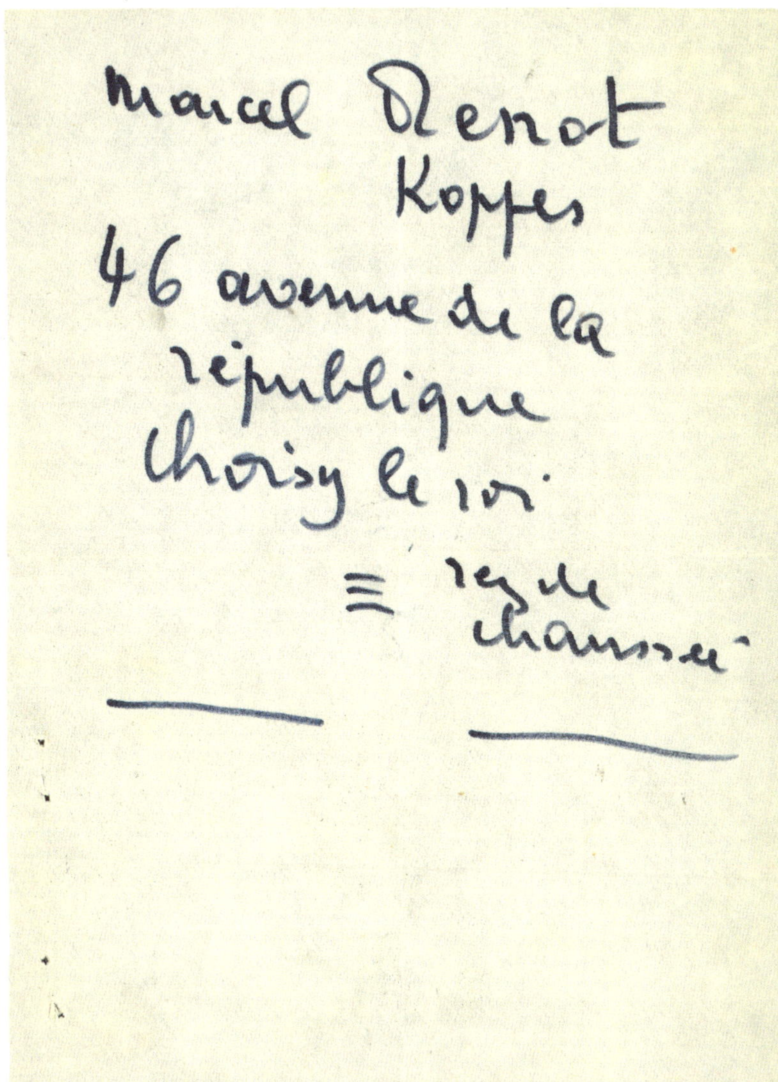
Marcel Renot
Koppes
46 avenue de la
république
Choisy le roi
≡ rez de chaussée

Adresse écrite par Georges, pour ma gouverne.

Chez Pierre Tchernia

Avant de passer à table, pendant que Madame Tchernia prépare le repas, Georges et Pierre devisent en prenant l'apéritif. La maîtresse de maison attend un heureux événement et lorsqu'elle s'avance vers les deux hommes, les bras chargés d'un plateau de victuailles, la voix solennelle de Georges s'élève : « Avec l'air calme et triomphant de celles qui perpétuent l'espèce. » Je crois savoir qu'il citait Victor Hugo.

Soirée « Brassens » : Christian Marin, Mario, Pierre Tchernia et Roger Abat, le 30 octobre 1986 dans les salons de l'Automobile Club de France pour la sortie du livre *Souvenirs et portraits d'intimes* de Mario Poletti et Éric Battista.

Les soirées amicales

Chez moi : Monique et Püpchen entourent Alain Wicker.

Debouts : Jean, le facteur, et Josée, la photographe de Georges. André Tillieu, Püpchen, Georges et une amie.

Pierre Nicolas et la maréchaussée

Brassens m'a souvent raconté cette anecdote qui le mettait en joie. Pierre Onténiente, Georges et Pierre Nicolas stationnent en double file devant un studio d'enregistrement, rue des Dames, à Paris. Ils ralentissent la circulation, la voie étant assez étroite. Ils s'activent pour sortir des deux voitures, guitares, contrebasse et matériel de sono. Soudain apparaît un contractuel qui, vertement, leur demande de dégager au plus vite. La réplique de Nicolas fuse immédiatement, en bon parigot qu'il est : « D'accord, on décharge. On décharge et on s'en va… encore qu'à nos âges, ça peut demander un certain temps ! »

Respect d'autrui
et cadeau d'ami

Nous avons partagé chez moi, ou chez Georges, en compagnie de quelques amis intimes, de nombreuses soirées qui se terminaient fort tard dans la nuit, pour ne pas dire au petit jour. Parfois même, je le ramenais aux aurores à son domicile. Un soir, avant de le quitter, je lui confie : « À cette heure, en rentrant, je ne déroulerai pas mes stores en bois, passablement bruyants. » Et Georges me répond : « Depuis le temps que je te connais, je ne suis pas sans savoir que, même si tu n'as pas d'idéal sacro-saint, tu as la délicatesse de ne pas réveiller tes voisins. » Plus tard, c'est avec surprise et émotion que j'ai découvert qu'il avait glissé le propos dans sa chanson *Don Juan.*

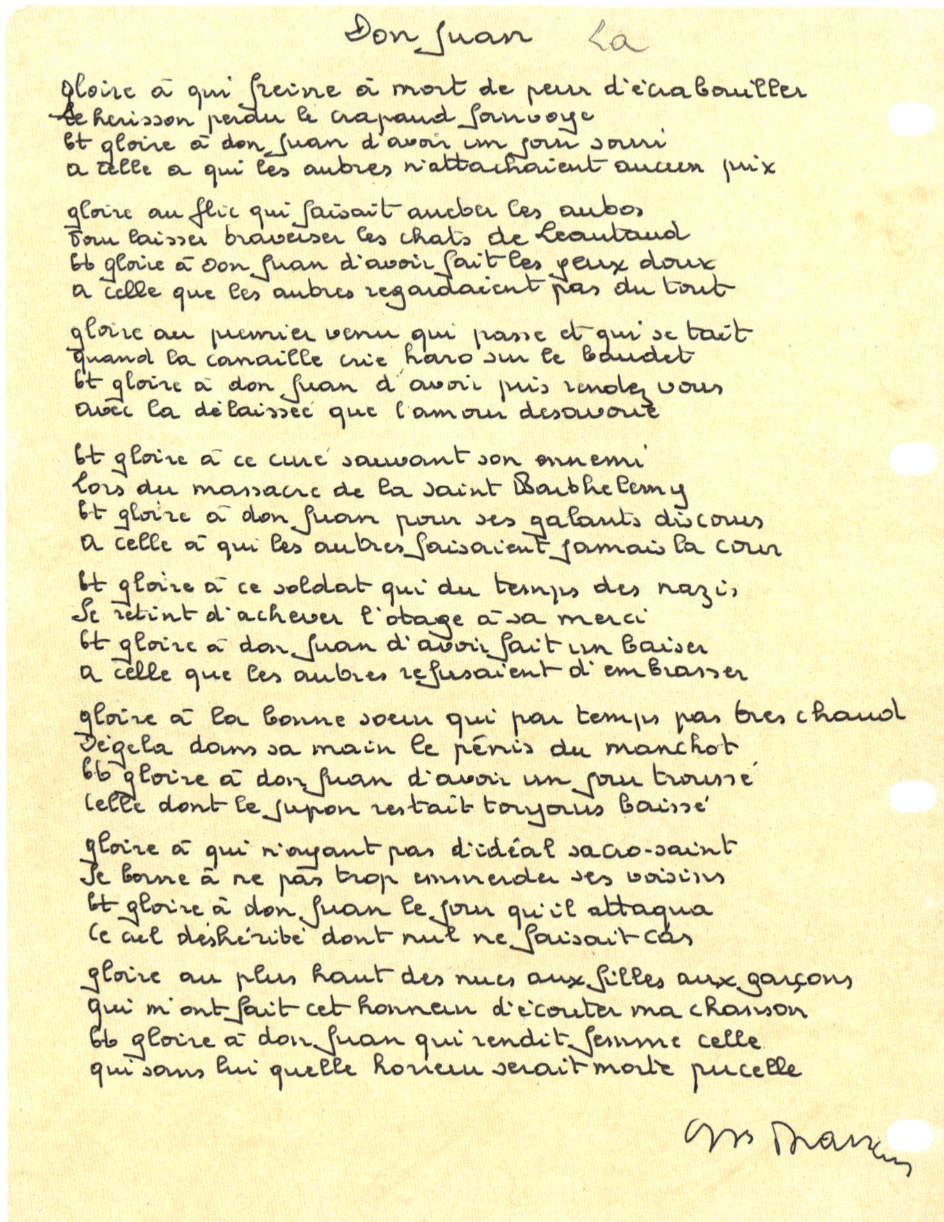

Don Juan   La

gloire à qui freine à mort de peur d'écrabouiller
le hérisson perdu le crapaud fourvoyé
Et gloire à don Juan d'avoir un jour souri
à celle à qui les autres n'attachaient aucun prix

gloire au flic qui faisait arrêter les autos
pour laisser traverser les chats de Léautaud
Et gloire à don Juan d'avoir fait les yeux doux
à celle que les autres regardaient pas du tout

gloire au premier venu qui passe et qui se tait
quand la canaille crie haro sur le baudet
Et gloire à don Juan d'avoir pris rendez-vous
avec la délaissée que l'amour désavoue

Et gloire à ce curé sauvant son ennemi
lors du massacre de la saint Barthélemy
Et gloire à don Juan pour ses galants discours
à celle à qui les autres faisaient jamais la cour

Et gloire à ce soldat qui du temps des nazis
se retint d'achever l'otage à sa merci
Et gloire à don Juan d'avoir fait un baiser
à celle que les autres refusaient d'embrasser

gloire à la bonne soeur qui par temps pas très chaud
dégela dans sa main le pénis du manchot
Et gloire à don Juan d'avoir un jour troussé
celle dont le jupon restait toujours baissé

gloire à qui n'ayant pas d'idéal sacro-saint
se borne à ne pas trop emmerder ses voisins
Et gloire à don Juan le jour qu'il attaqua
ce cul déshérité dont nul ne faisait cas

gloire au plus haut des nues aux filles aux garçons
qui m'ont fait cet honneur d'écouter ma chanson
Et gloire à don Juan qui rendit femme celle
qui sans lui quelle horreur serait morte pucelle

Brouillon de la chanson *Don Juan.*

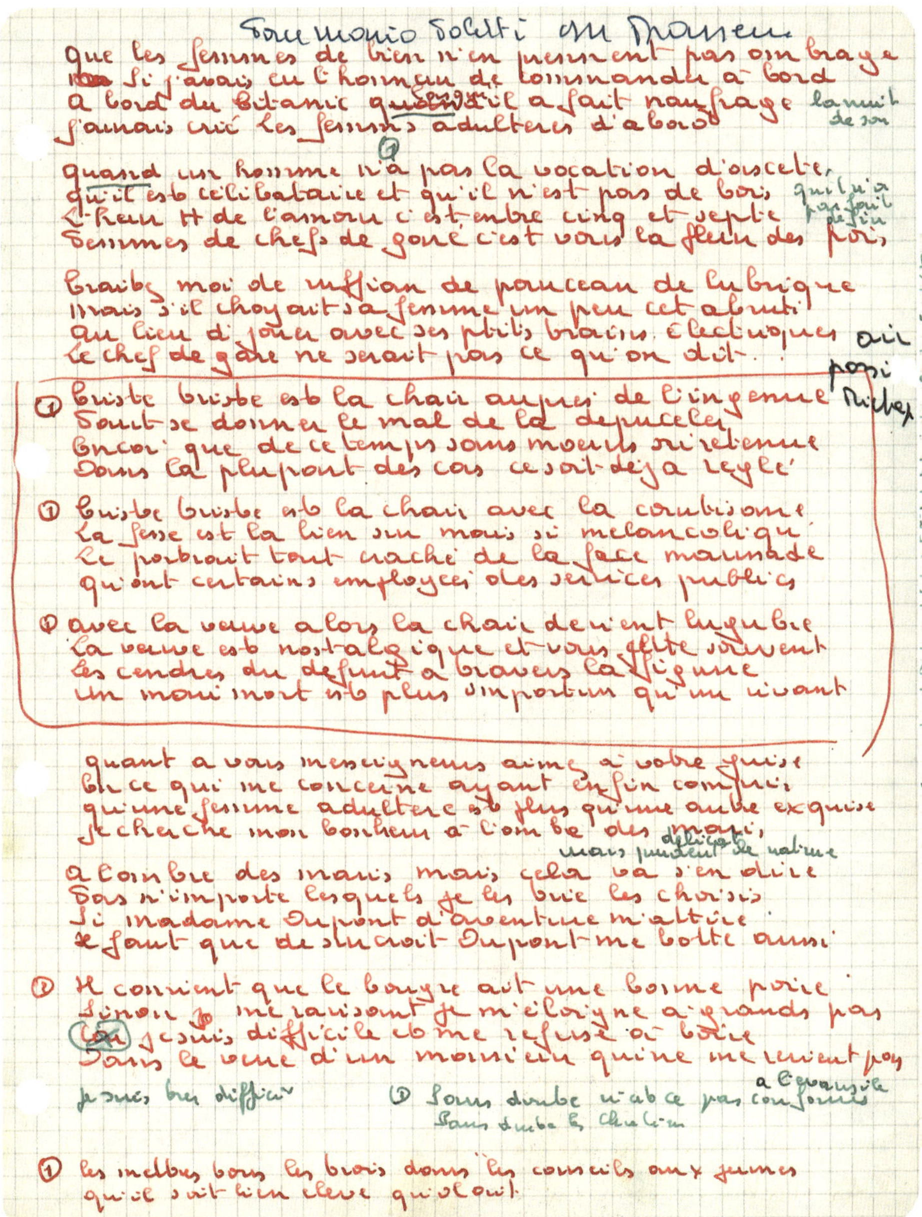

Pour Mario Poletti G. Brassens

que les femmes de bien n'en prennent pas ombrage
Si j'avais eu l'honneur de commander à bord
à bord du Titanic quand il a fait naufrage
j'aurais crié les femmes adultères d'abord

quand un homme n'a pas la vocation d'ascète,
qu'il est célibataire et qu'il n'est pas de bois
l'heure H de l'amour c'est entre cinq et sept
femmes de chefs de gare c'est vous la fleur des pois

traitez moi de ruffian de pourceau de lubrique
mais s'il choyait sa femme un peu cet abruti
au lieu d'jouer avec ses p'tits trains électriques
le chef de gare ne serait pas ce qu'on dit.

① triste triste est la chair auprès de l'ingénue
faut se donner le mal de la dépuceler
encor que de ce temps sans mœurs ni retenue
dans la plupart des cas ce soit déjà réglé

① triste triste est la chair avec la [illegible]
la fesse est là bien sûr mais si mélancolique
le portrait tout craché de la face maussade
qu'ont certains employés des services publics

① avec la veuve alors la chair devient lugubre
la veuve est nostalgique et vous jette souvent
les cendres du défunt à travers la figure
un mari mort est plus importun qu'un vivant

quant à vous messeigneurs aimez à votre guise
en ce qui me concerne ayant enfin compris
qu'une femme adultère est plus qu'une autre exquise
je cherche mon bonheur à l'ombre des maris,
mais prudent de nature

à l'ombre des maris mais cela va s'en dire
pas n'importe lesquels je les trie les choisis
si madame Dupont d'aventure m'attire
il faut que de surcroît Dupont me botte aussi

① il convient que le bougre ait une bonne poire
sinon je me ravise et je m'éloigne à grands pas
car je suis difficile et refuse à boire
dans le verre d'un monsieur qui ne me revient pas

je suis bien difficile
① sans doute n'est-ce pas conforme à l'évangile
sans doute les chrétiens

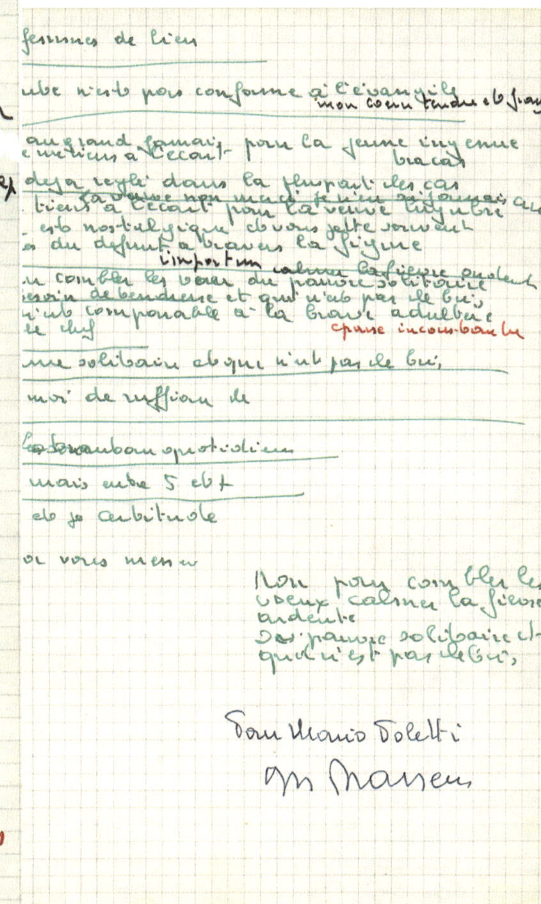

Non pour combler les vœux calmer la fièvre ardente
des pauvres solitaires et qu'il n'est pas de bois,

Pour Mario Poletti G. Brassens

Manuscrit de la chanson *À l'ombre des maris.*

Incompatibilité

En 1972, en présence de Pierre Onténiente, Georges me lance : « Crois-tu que ton éditeur serait intéressé pour publier mes petites conneries [sic] ? » Il s'agit en fait de ses poèmes et chansons. Ma réponse est immédiate : « Bien sûr que oui ! » « Demande-le lui quand même » me répond Brassens. Par fidélité, j'étais heureux de faire ce cadeau à ma direction mais « avec un soupçon de réserve toutefois », car l'univers du « bon maître » demeurait assez éloigné de l'esprit maison. En effet, l'éditeur était bien davantage attaché aux mémoires des maréchaux, généraux ou présidents ! Le contrat fut néanmoins conclu et deux collaborateurs, peu connaisseurs de l'œuvre de Georges, s'emparèrent des textes et chansons. Leur tâche ne fut pas facile... Je fus cité pour mes photos et la reconnaissance de Georges me parvint sous la forme d'une chaleureuse dédicace pour mon intervention, ce qui, pour moi, était l'essentiel.

La même année, Philips, profitant de la sortie de l'ouvrage avait conçu un coffret – disques et livre – intitulé *Vingt ans de Brassens*, qui eut un grand succès. Plus tard, à la disparition de Georges, son secrétaire me demanda conseil pour que paraisse l'édition définitive de cet album. Me rappelant les erreurs du passé, je décidai de m'adresser à un éditeur plus proche de notre poète. Par l'entremise de mon ami Marc Stinat, directeur de la librairie Del Duca, j'organisai un déjeuner avec le directeur des Éditions du Seuil, en présence de Pierre Onténiente, afin que soit publiée l'édition du livre en question. L'affaire fut rondement menée, à ma grande satisfaction, et je sais que cette publication représente une rente quotidienne pour l'éditeur.

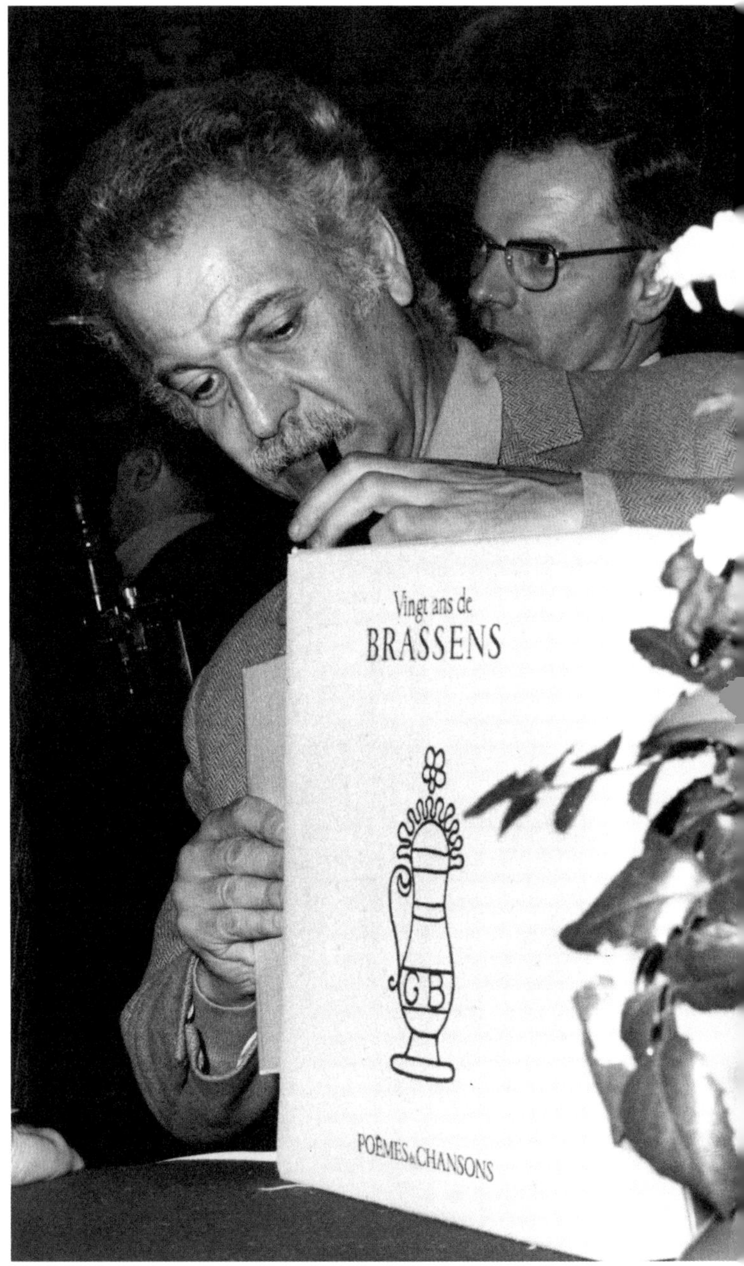

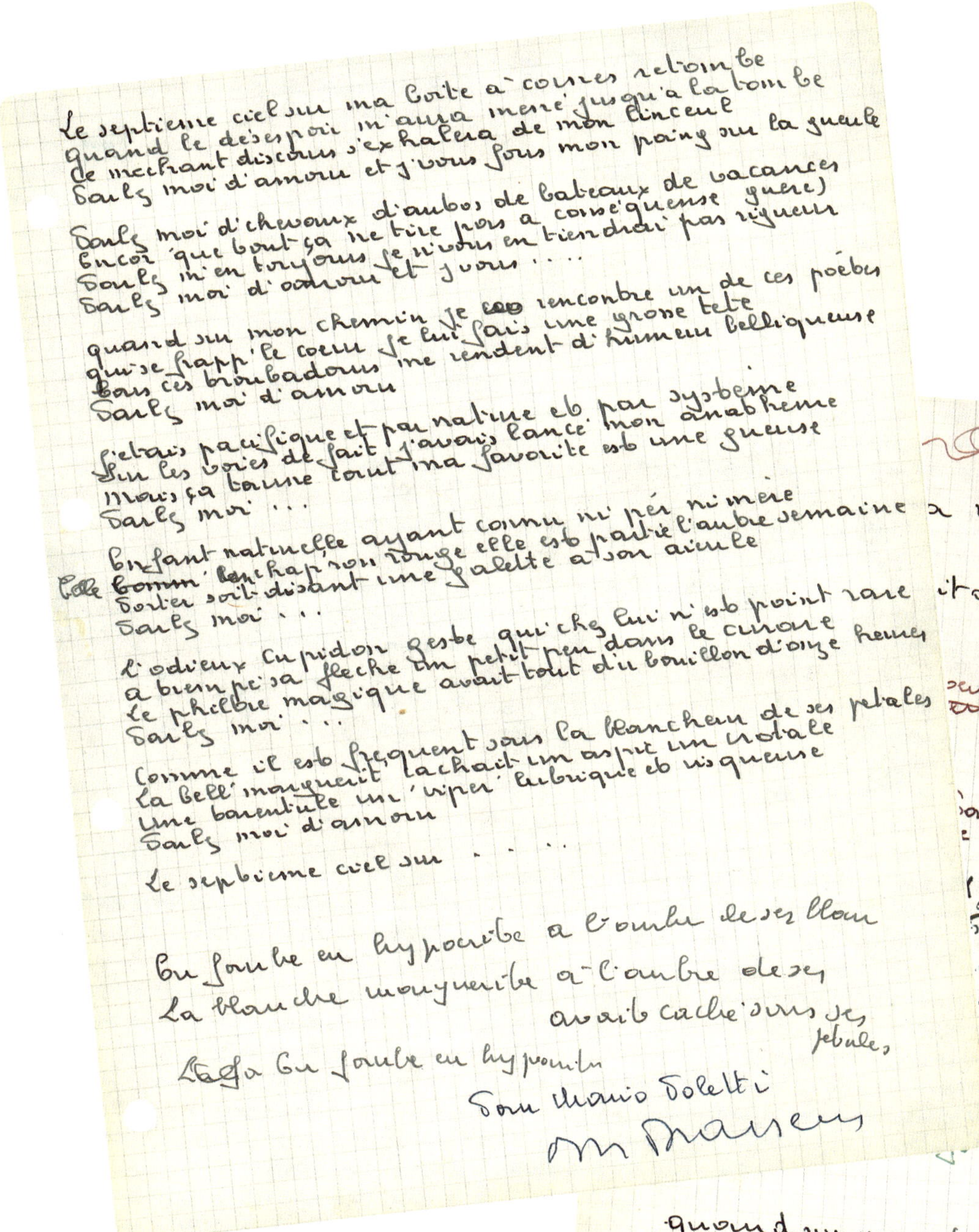
le septieme ciel sur ma boite a coires retombe
quand le desespoir m'aura mené jusqu'à la tombe
de mechant discours s'exhalera de mon linceul
Sauf moi d'amour et j'vous fous mon poing sur la gueule

Sauf moi d'chevaux d'autos de bateaux de vacances
Encor que tout ça ne tire pas a conséquense guere)
Sauf m'en toujours je n'vous en tiendrai pas rigueur
Sauf moi d'amour et j'vous . . .

quand sur mon chemin je ~~ren~~ rencontre un de ces poètes
qui se frapp'le coeur je lui fais une grosse tete
tous ces troubadours me rendent d'humeur belliqueuse
Sauf moi d'amour

j'etais pacifique et par nature et par systeme
sur les voies de fait j'avais lancé mon anatheme
mais ça tourne tout ma favorite est une gueuse
Sauf moi . . .

Enfant naturelle ayant connu ni pér ni mère
Elle ~~bonne~~ le chap'ron rouge elle est partie l'autre semaine
porter soit disant une galette a son aïeule
Sauf moi . . .

l'odieux Cupidon geste qui chez lui n'est point rare
a bien pris sa fleche un petit peu dans le curare
le philtre magique avait tout d'un bouillon d'onze heures
Sauf moi . . .

Comme il est frequent sous la blancheur de ses petales
la bell'marguerit' cachait un aspic un crotale
une tarentule un'viper' lubrique et visqueuse
Sauf moi d'amour

le septieme ciel sur . . .

En fourbe en hypocrite a l'ombre de ses blan
La blanche marguerite a l'ombre de ses
avait caché sous ses
petales,
~~La~~ ça En fourbe en hypocrite

Son Mario Poletti
M Brassens

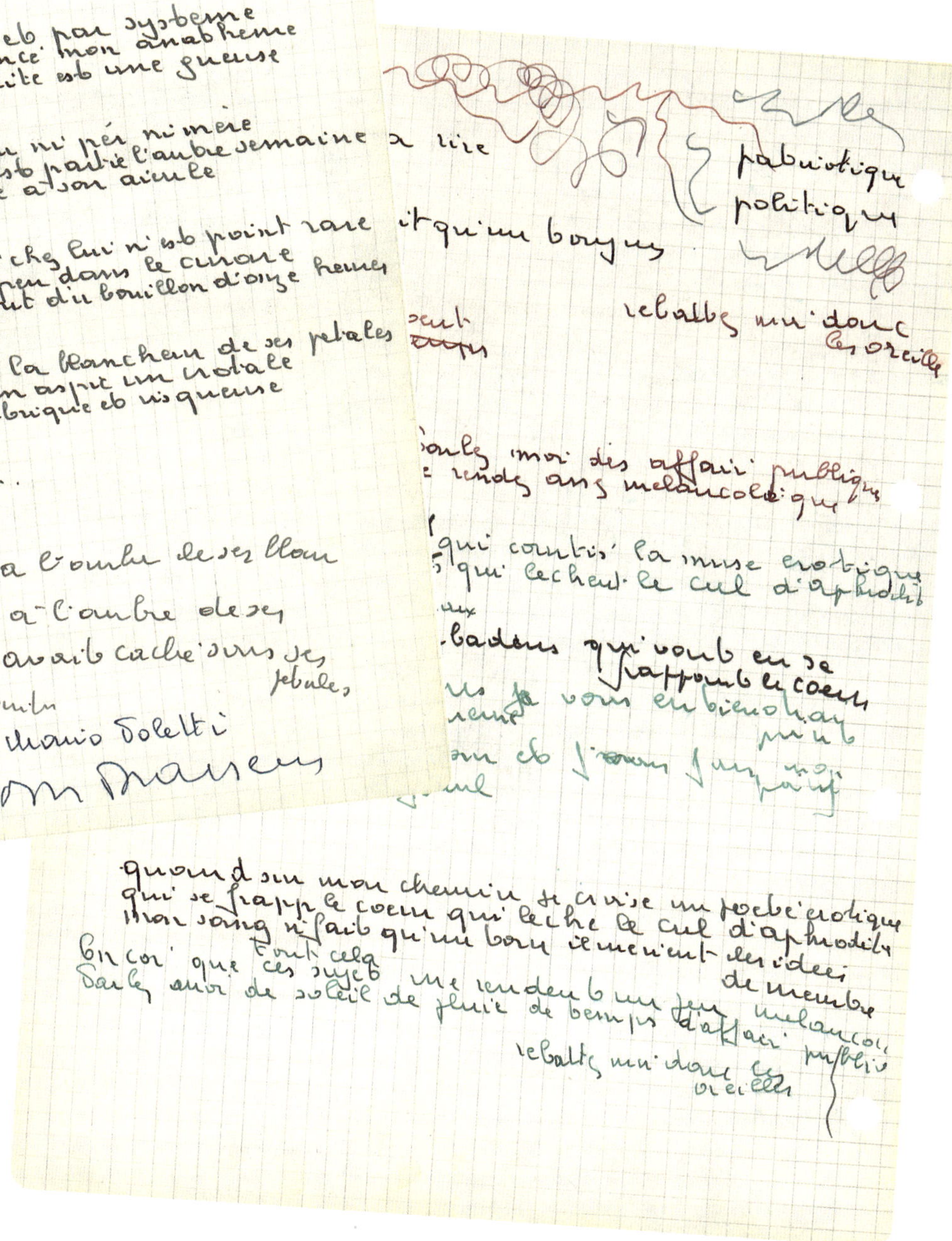
a rire
patriotique
politique
et qu'un bourgeois
rebattez moi donc
les oreilles
Sauf moi des affair publiques
me rendent aussi melancolique
qui courtise la muse erotique
qui lèchent le cul d'aphrodite
troubadours qui vont en se
frappant le coeur
je vous en tiendrai
quand sur mon chemin je croise un poete erotique
qui se frappe le coeur qui leche le cul d'aphrodite
mon sang n'fait qu'un tour
Encor que ces sujets me rendent un peu melancoli
tout cela
Sauf moi de soleil de pluie de temps d'affair publi
rebattez moi donc les
oreilles

Deux brouillons de la chanson
Sauf le respect que je vous dois.

Boudard et Nucera

Georges en bonne compagnie avec Suzanne Nucera.

Chez Pierre Vedel, Louis Nucera, Alphonse Boudard et Georges.

Ces deux écrivains furent amis, tels Oreste et Pylade. Leur parcours fut jonché de succès et de récompenses, dont le prix de l'Académie française. Ils étaient tous deux membres du jury du Prix Georges Brassens, qui désigne chaque année, en juin, un lauréat ayant, à l'instar de Brassens, des « qualités de verve et de non-conformisme » (dixit le Larousse). Le sort fut cruel pour ces deux-là, disparus à quelques mois d'intervalle. Ces photographies témoignent de l'amitié qui unissait Suzanne Nucera et Georges, ainsi que de la complicité de Georges, Louis et Alphonse.

Pudeur et gauloiserie

Le « barde » Brassens a déposé sa pipe sur les Pierres blanches du Mont-Saint-Clair à Sète.

En compagnie de Püpchen, Georges me fait part de son choix de chansons pour son prochain tour de chant. Ce sera d'ailleurs le dernier… Püpchen précise discrètement qu'elle apprécie moins une ou deux chansons, notamment *Mélanie*. Brassens rétorque alors : « J'ai le projet d'enregistrer un disque de chansons de corps de garde ; tu sais que j'ai le goût des chansons gaillardes. » Il était ainsi : pudique et réservé devant les images pornographiques, mais gaulois avec les mots, dans la tradition rabelaisienne. Parmi les livres qu'il m'a laissés, deux ou trois ouvrages traitent de la paillardise et des chansons polissonnes.

Sous-vêtements

Un soir, Georges dîne chez moi en compagnie d'amis. Il aperçoit mes slips séchant sur un fil, dans la salle de bains et me glisse alors à l'oreille : « Mario, pour ne pas déranger Ginou, voudrais-tu m'acheter des sous-vêtements de cette marque ? » Esseulée après un divorce difficile, Ginou avait été choisie par Georges en tant que « préposée aux achats ». Tous les mardis, elle quittait son domicile de la banlieue nord de Paris pour se rendre rue Santos-Dumont. La semaine suivante, Georges ouvre le paquet que je lui apporte et reste figé… Il découvre un assortiment de couleurs et son étonnement provoque les rires. Classique, Brassens acceptait la diversité, mais dans une même couleur…

Brassens et les bagnoles

Georges demandait rarement l'avis de ses proches. Or, pour l'achat d'une automobile étrangère de petit gabarit, il avait suivi les conseils de Lino Ventura. Mais cette voiture neuve tombait souvent en panne. Elle s'arrêtait brusquement n'importe où, mettant à mal la timidité de son propriétaire. Ce fut le cas lorsque la voiture tomba en panne à l'entrée du tunnel de Saint-Cloud, devant le commissariat. À sa grande confusion, Georges fut reconduit à son domicile dans un véhicule de police ! Le lendemain, Gibraltar alla chercher la maudite bagnole qui démarra du premier coup ! Par la suite, je fus chargé de trouver une solution à cet inconvénient, auquel Gibraltar avait déjà tenté, sans succès, de remédier. Mais cette voiture continua de lui donner des soucis et excédé, il nous déclara un jour : « Virez-moi cette bagnole à la ferraille ! » Pour un nouvel achat, Louis Nucera réussit à convaincre Georges des mérites d'une grosse cylindrée du nord de l'Europe. « Automobile inusable » lui dit-il. Brassens acquiert donc cette « merveille » en toute confiance. L'intérieur du véhicule était en moleskine, garniture que Georges fit remplacer par du cuir. À la livraison, il s'assied à la place du chauffeur, baisse la glace de la main gauche et la poignée lui reste dans la main ! Il tente de passer une vitesse et… le manche se décroche ! Et pour cause… aucune clavette n'avait été replacée après le changement de garniture.

Louis Nucera, Raymond Devos et Georges.

En 1977, pour transférer ma bibliothèque de Paris en Bretagne, j'avais besoin d'un break. Or, je ne disposais que d'une petite voiture sans galerie. Georges me propose de faire un échange avec son auto de plus grande capacité. Il part donc à Bobino avec ma guimbarde, qui avait le défaut de ne démarrer qu'une fois de temps en temps. À la fin du spectacle, afin d'éviter la foule qui l'attendait dans la rue, il se précipitait habituellement dans son véhicule. Malheureusement, ce soir-là, ma voiture refuse de démarrer et Georges se retrouve assailli par les admirateurs. Il peste contre moi. Gibraltar se met en devoir de pousser l'auto qui démarre enfin et Georges rentre à bon port. À mon retour, il m'apostrophe, furieux : « Fous-moi cette bagnole à la poubelle ! » Je n'ai pas écouté Georges et j'ai fait ce cadeau empoisonné à ma fille Laurence.

Un autre soir, Brassens est quelque part dans Paris et Gibraltar a reçu la consigne d'aller le chercher. Il arrive sur le lieu du rendez-vous avec une nouvelle voiture, prêtée par le garagiste, car celle de Georges est en réparation. À la vue du véhicule de couleur rouge vif, Georges s'écrie : « Je ne monterai jamais dans cette bagnole, c'est le plus sûr moyen de se faire rapidement repérer ! » Il finit par consentir, avec réticence, à mettre les pieds dans cette « voiture de pompiers », afin de ne pas rentrer *at home pedibus jambus*.

Ce soir, comme à l'accoutumée, Sophie prépare le dîner avant de partir. On sait que les papilles gustatives de Georges ne sont pas très sensibles. Il est facile, pour lui, de se sustenter, car ses goûts culinaires sont simples. Mais aujourd'hui, il reçoit Lino Ventura et Bernard Clavel, aussi l'ordinaire est amélioré. Il n'y aura pas de pâtes au menu, mais un assortiment de cochonnailles, de viande froide et une salade à l'ail, comme il se doit.

La conversation va bon train, Lino nous parle du film *Un papillon sur l'épaule* et Bernard Clavel de son procès avec la gendarmerie, laquelle a singulièrement nuancé son attitude depuis qu'il a reçu le Goncourt. Tard dans la soirée, les deux invités prennent congé et je reste avec Georges pour desservir la table et empiler la vaisselle. Soucieux de ne pas donner de surcharge de travail à Sophie, le maître des lieux me suggère de l'aider à remettre un peu d'ordre. Je lave les plats tandis que Georges essuie, range et balaie. Amusé de la situation, je me gausse : « Ah ! si tes admiratrices te voyaient, elles apprécieraient fort tes qualités d'homme d'intérieur. » Georges se contente de sourire dans sa moustache, puis va donner à manger à ses chats.

Travaux ménagers avec Brassens

L'ami Delpont

Henri Delpont.

« C'est au petit jour qu'ils trépassent
La mort entreprend dans leur lit
Des milliers de corps, dès minuit
Et presque personne n'y pense
…
Comme vous êtes beaucoup à mourir !
Comment les gens peuvent-ils dormir
Sur la grève de tous vos râles ? »

Georges appréciait ce poème extrait du *Livre d'amour* de Charles Vildrac, Grand Prix de poésie 1963.

Le Sétois Henri Delpont, ami d'enfance de Georges, a deux enfants, un garçon et une fille. Celle-ci a convolé en justes noces avec un Londonien. Lorsqu'il se déplace au Royaume-Uni, Delpont transite par Paris et s'arrête chez Georges. Brassens aime nous réunir, car nous partageons le même intérêt pour Sacha Guitry.

Fin 1980, un dimanche matin, jour de Noël ou jour de l'An, le téléphone sonne. Au bout du fil, j'entends la voix angoissée de Georges : « Henri vient de mourir cette nuit. Je suis très affecté par sa disparition et par le fait que je ne vais pas pouvoir aller à l'enterrement. J'ai peine à tenir debout. Peu de personnes à Sète connaissent mon état de santé, même dans ma famille. Mais toi, tu le sais qu'il me reste peu de temps à vivre, tu le sais ! » Georges, culpabilisé, cherche en quelque sorte mon approbation et ajoute : « Je crains qu'à Sète, on ne comprenne pas mon absence, mais je suis tellement mal ! » Son sens de l'amitié est mis à rude épreuve.

Georges en compagnie de Delpont et de son épouse.

Henri Delpont, l'ami de jeunesse, Éric Battista, Georges et son cousin Georges Granier.

De gauche à droite : Madame et Monsieur Delpont, André Vers, Georges et Pierre Nicolas de dos.

Henri Colpi, Henri Delpont, Georges, Pierre Nicolas, André Vers et Irène Hilda.

À Sète, avec Henri Delpont.

Aux innocents les mains pleines

Quinze jours après la disparition de Georges, je reçois un coup de fil d'un ami sétois qui souhaite me rencontrer, afin de parler du « cher disparu ». Lors de l'entretien, l'intéressé me fait part d'une certaine désaffection de Brassens à son égard et en ressent de l'amertume. Son épouse intervient alors : « Ah ! Si Georges nous avait écoutés ! » Devant mon étonnement, elle poursuit : « Nous avons un ami, professeur de lettres, qui était prêt à retravailler les textes de ses chansons pour en faire quelque chose de parfait ! » Je reste coi, comprenant alors pourquoi Georges avait éloigné de tels jobards !

Avec Georges et l'ami Pierre, photographe.

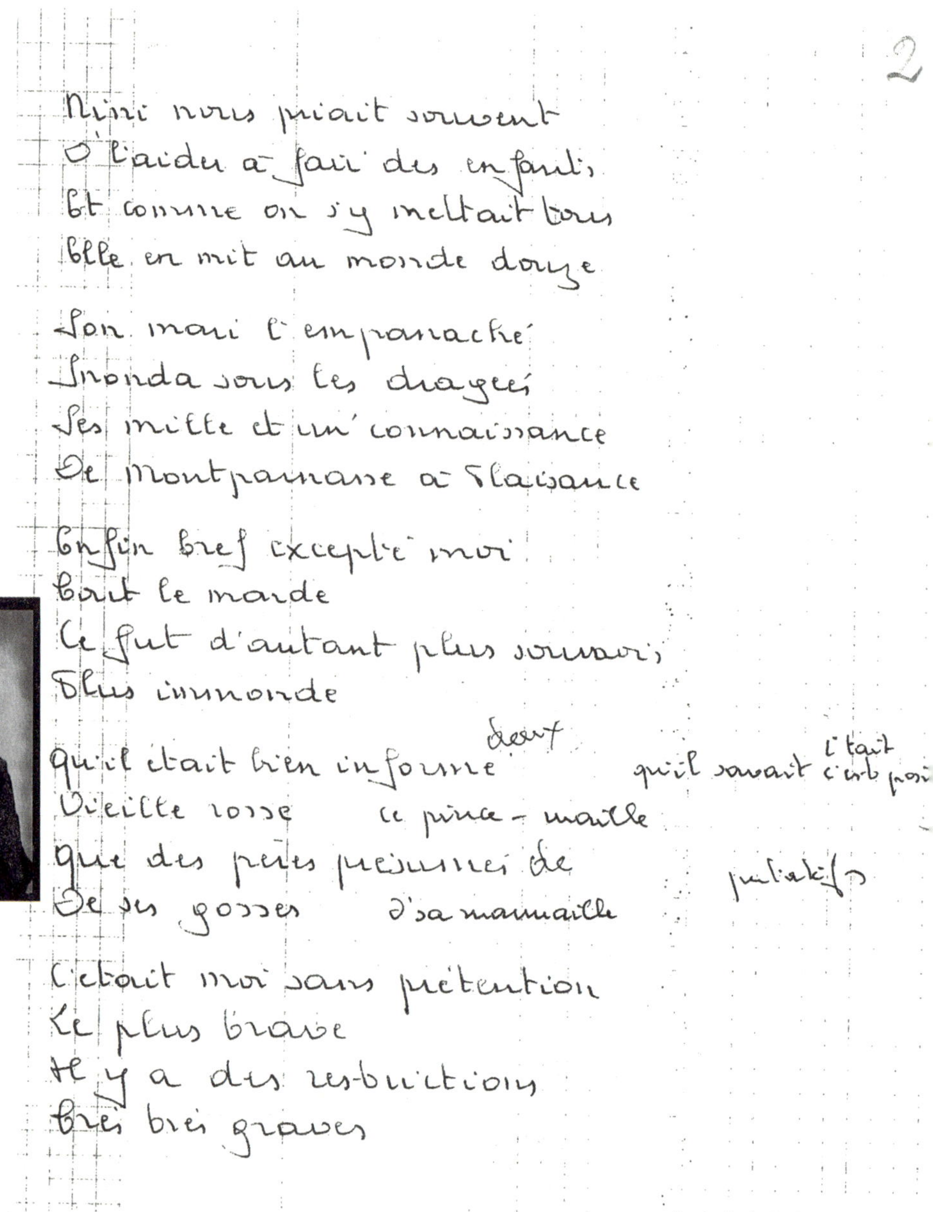

2

Nini nous priait souvent
D'l'aider à fair' des enfants
Et comme on s'y mettait tous
Elle en mit au monde douze

Son mari l'empanaché
Inonda sous les dragées
Ses mille et un' connaissance
De Montparnasse à Plaisance

Enfin bref excepté moi
Tout le monde
Ce fut d'autant plus sournois
Plus immonde

Qu'il était bien informé (deux)   qu'il savait
Vieille rosse   ce pince-maille
Que des pères présumés de
De ses gosses   d'sa marmaille

C'était moi sans prétention
Le plus brave
Il y a des restrictions
Très très graves

Brouillon d'une chanson inédite, *La Femme de paille*.

Insomnie chronique

Brassens, ne trouvant pas naturellement le sommeil, avait recours à un somnifère que l'on ne trouvait pas facilement en France. Des amis lui avaient donc procuré quelques flacons d'une mixture rose pâle. Il m'avait conseillé de prendre dix gouttes du breuvage en cas d'insomnie. Je mis donc à profit son conseil lors d'un séjour en Creuse, en compagnie des frères Fallet et d'André Vers. Nous étions invités à taquiner le goujon chez le peintre Hervé des Hameaux. Le soir de mon arrivée, je diluai dans un verre d'eau les dix gouttes conseillées et, effectivement, je m'enfonçai dans un sommeil profond. À mon réveil, je m'aperçus à ma grande stupéfaction que j'avais dormi une nuit, une journée et la nuit suivante ! Je revins à Paris encore tout estourbi, sans avoir vu ni la rivière ni les poissons, et en pensant à Georges, qui, pour dormir huit heures en prenait régulièrement trente gouttes !

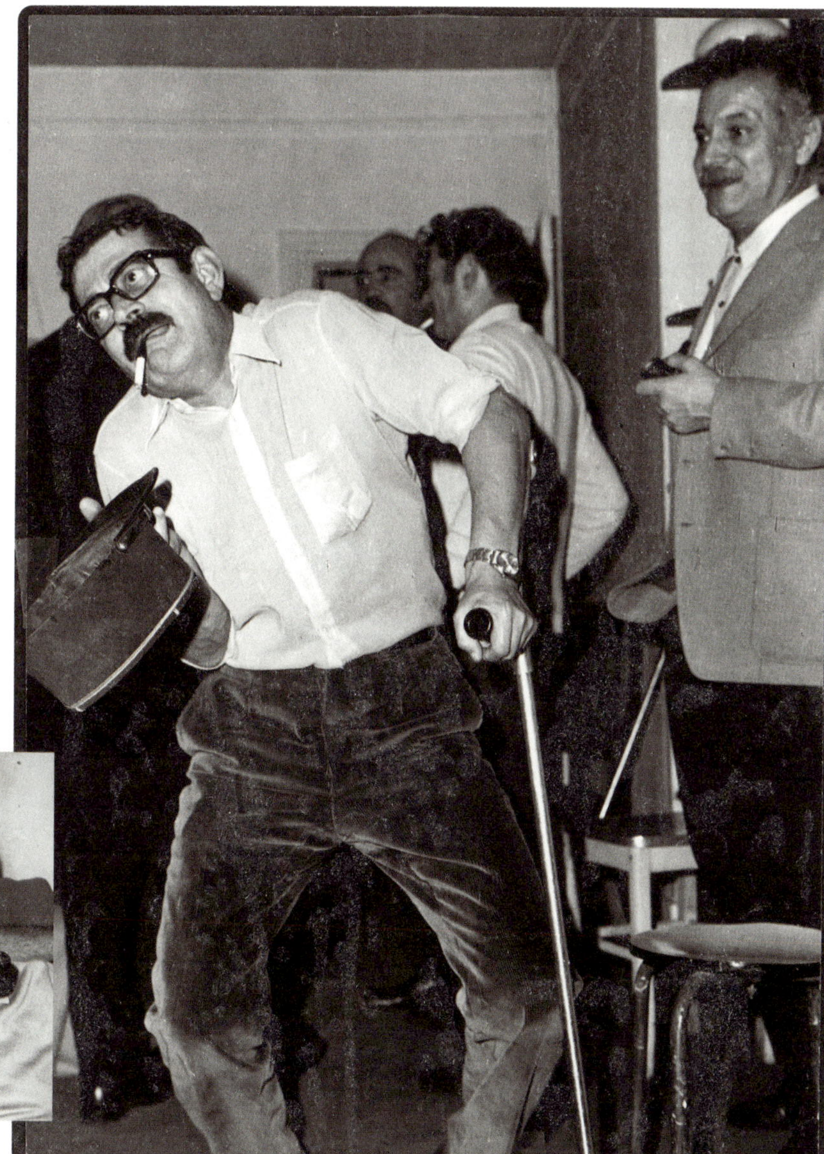

André Vers et René Fallet en 1971. Tous deux pêcheurs émérites, farceurs et grands amateurs de divin nectar.

Brassens

et la gastronomie !

Chez moi avec Jean, Georges, Roger, Püpchen… et les autres.

Soufflé au fromage

Un soir d'été, Georges et moi sommes invités à dîner chez l'infirmière qui l'a soigné pendant un séjour en clinique. Georges me charge d'acheter des fleurs. Je me range devant un café. Des clients nous ont aperçu et, rigolards, entonnent : « Avec mon p'tit bouquet, j'avais l'air d'un con. » Georges, l'air convenu, sourit dans sa moustache mais presse le pas, car il a le souci d'échapper à une éventuelle invite. Nous grimpons les six étages à pied et, la chaleur aidant, arrivons assoiffés. Après avoir offert deux pastis bienvenus, la maîtresse de maison nous presse de passer à table et nous découvrons avec plaisir un soufflé au fromage, que Georges apprécie particulièrement. Une des assiettes est copieusement garnie et je me réjouis en pensant qu'il va y avoir du « rab ». Mais je dois déchanter car cette grosse part a été spécialement préparée pour lui !

Vingt ans plus tard, je rencontre notre hôtesse par hasard et lui rappelle cette soirée dont elle se souvient fort bien. Nous évoquons l'assiette de Georges et mon interlocutrice prononce cette phrase qui me laisse pensif : « Georges donnait, mais ne partageait pas… »

Gastronomie et fiscalité

La notoriété et le succès de Brassens ont toujours été en opposition avec son train de vie. Lorsque le poète recevait du beau monde, le repas était souvent servi dans la cuisine, sauf quand les invités étaient nombreux. Un jour, Michel Drucker eut droit à un « déjeuner-cuisine ». Les plaisirs gustatifs de Georges étaient aussi surprenants que faciles à satisfaire : conserves, charcuterie, pâtes, frites, sardines à l'huile. En revanche, il n'appréciait guère la viande et encore moins le poisson. La bonne chère et le divin nectar trouvaient davantage de place dans ses chansons qu'à sa table.

Or, il advint qu'un jour, il fut obligé de mettre les petits plats dans les grands pour recevoir à déjeuner un contrôleur du fisc. Afin de justifier un train de vie qui n'était pas le sien, Georges chargea Gibraltar de composer un repas digne des agapes d'Ulysse. Pierre se rendit chez un traiteur célèbre et demanda : « Qu'est-ce que vous avez de plus cher pour un repas de qualité ? » À son retour, le secrétaire de Brassens avait les bras chargés de victuailles

Josée, Jean, une amie et Georges.

à faire pâlir un restaurant haut de gamme. Bien entendu, Georges toucha fort peu à ces mets succulents, dont les reliefs pantagruéliques firent les délices du fidèle secrétaire.

Un soir, Georges m'invite chez lui avec Roger Abat. Leur amitié remonte à l'école maternelle. Après le repas, nous prenons congé, enfilons nos imperméables et constatons qu'une fois de plus, Georges a bourré nos poches des boîtes de conserve dont il raffole. Le lendemain, à six heures trente le téléphone sonne. Encore alourdi par le festin de la veille, la voix cotonneuse, je décroche. C'est Georges tout fringant qui m'interpelle : « As-tu goûté mes conserves ? »

Mario, Püpchen, Roger Abat, son épouse Lili et Georges, chez lui.

Homard à domicile

Avec mes amis restaurateurs, Georges et Hélène Maillery, nous avions formé le projet de déguster, chez moi, du homard à profusion. Rendez-vous est donc pris pour ce samedi soir. Le matin, Georges me téléphone :

« – Que fais-tu ce soir ?

– Je dîne avec un couple d'amis que tu connais.

– Je peux venir avec Püpchen ?

– Bien sûr !

– Alors j'apporte mes conserves…

– Non Georges, viens sans tes boîtes ! »

Comme toujours, lorsqu'il vient chez moi, Georges monte à pied et renifle déjà dans l'escalier, tel un chien de chasse. « Ça sent le poisson, c'est chez Poletti » dit-il à Püpchen. Je revois encore Brassens attablé devant ses pâtes et ses sardines à l'huile, ne cessant de répéter : « Beurk ! j'ai horreur du poisson ! »

Les mêmes chez Roger.

Chez moi, Christian Marin, Georges et des amis.

Chez moi, Georges, Püpchen et un ami.

Les repas entre amis de Georges.

Dîner à l'ail

« Mario, si cela te chante, viens dîner à la maison, ma sœur m'a envoyé des produits frais de Sète. » Comme à l'accoutumée, Sophie nous a préparé un assortiment de jambons et saucissons, des fèves fraîches, dont Georges raffole, ainsi que de la salade à l'ail. Dernièrement, Roger Abat me rappelait que pour apercevoir la laitue, il fallait écarter l'ail. Après le dîner, nous prenons congé avec des relents à faire s'évanouir un vampire. Il est déjà tard quand Roger rentre chez lui. Sa femme, Lili, est couchée. Il se déchausse et prend mille précautions pour ne pas la réveiller. Il s'approche du lit en silence, brusquement, Lili se redresse d'un bond et, affolée, lui déclare : « Veux-tu vérifier que j'ai bien fermé le gaz ? » « Ne t'inquiète pas », répond Roger, « je viens de manger de la salade chez Georges. »

À Bagneux, chez Jean le facteur, Georges fête ses cinquante-deux ans.

Martine Cazzani, Éric Battista, l'abbé Barrès et Fred Mella.

Avec son ami sétois, le cuisinier Pierre Vedel.

Jacques Caillard lui offre un instrument de marine.

Avec son cousin Georges Granier dit « Cocotte ».

Chez Georges. Son cousin Georges Granier, son neveu Serge Cazzani et Martine, l'épouse de ce dernier.

Humour noir

Chez Brassens, la grande table de la salle de séjour, commandée pour recevoir Maurice Chevalier, est réservée pour les jours où les invités sont nombreux, comme aujourd'hui. C'est un soir d'été, les fenêtres sont ouvertes et je tourne le dos à la rue. Le repas se déroule dans une chaude ambiance, le vin capiteux fait monter les décibels et bientôt « nous allons converser avec les anges », comme dit Audiard. Soudain, dans l'euphorie générale, je reçois un plomb de carabine dans le bas du dos, tiré par un voisin irascible. À ce moment, le téléphone sonne. Contre toute attente, Georges, qui d'ordinaire ne répond jamais, décroche et sans attendre déclare d'une voix solennelle : « Ici la morgue, j'écoute… » et il raccroche dans un grand éclat de rire.

Brassens fête ses cinquante-cinq ans. De gauche à droite : Püpchen, Jacques Caillard, P.D.G de Philips, Michel Le Bonniec, neveu de Jeanne, Georges et Martine Cazzani.

GEORGES A RÉDIGÉ CES DEUX PRÉFACES POUR MES AMIS PEINTRES MAURILLE PRÉVOST ET HERVÉ DES HAMEAUX.

MAURILLE PRÉVOST,
La Banlieue parisienne.

HERVÉ DES HAMEAUX,
Paysage de la Creuse.

GEORGES BRASSENS

Les banlieues peintes par Maurille Prévost me font bien plus rêver que ne saurait le faire l'exactitude rendue par un architecte inspiré.

Je reconnais cette banlieue comme je l'ai connue au cours de mes vagabondages d'hier.

Sans pouvoir préciser le lieu exact de nombre de scènes qu'elle me propose, je retrouve quand même, à chaque coin de ces rues, des passantes croisées naguère dans un carrefour éloigné ou des personnages d'ombre que je suis certain d'avoir rencontrés devant des boutiques maintenant disparues hélas.

Maurille Prévost a reconstitué par ses toiles le décor que nous avions

Pour

GEORGES BRASSENS

Imbécile heureux (ou presque) né quelque part au bord de la Méditerranée, je suis plutôt un familier de la mer et du soleil et connais assez mal les paysages du Limousin et de la Marche.

Je ne les ai soupçonnés qu'en les traversant mais je les ai regardés avec les yeux d'Hervé des Hameaux qui est un grand artiste et un grand ami.

Il me semble que notre peintre a tellement bien rendu l'atmosphère de ces provinces : saisons brumeuses, villages isolés, arbres et haies, soleil bas, buée de l'air du matin sur les ruisseaux à truites qu'il court le risque de me voir un beau jour tremper mes pieds dans la rosée de ses tableaux

Georges Brassens

CE JOUR-LÀ, GEORGES JOINT LE GESTE À LA PAROLE ET ME DIT : « TU SOUFFLES DE HAUT EN BAS, EN ÉVITANT DE POSTILLONNER, ET NON PAS DE CÔTÉ POUR NE PAS METTRE LE FEU AUX DENTELLES DE CES DAMES ! »

Crespières

BRASSENS ET ANDRÉ VERS
DANS LES ANNÉES 60.

Crespières et les promoteurs

Le poète songeur…
« Indiscrète pâquerette »,
d'où vient-elle ?…
De Crespières.

La maison que Brassens avait achetée à Crespières était entourée d'immenses terrains qu'il aurait aimé acquérir afin d'éviter d'éventuelles promiscuités. Mais ceux-ci furent vendus à des promoteurs, et, craignant le pire, Georges ne retourna plus dans sa maison de campagne, qui resta vide pendant des mois. Quelques années plus tard, en compagnie de l'ami Jean, facteur de Jeanne, je me rendis à Crespières pour examiner les lieux, la rumeur faisant état d'indélicates visites de la propriété. De retour chez Georges, je lui fis part, non pas de ce qui avait disparu, mais de ce qui restait encore à voler ! En effet, portes, fenêtres, radiateurs, sanitaires, entre autres, s'en étaient allés. « À vrai dire, mon cher Georges, il ne reste plus que l'escalier central en chêne massif. » « Pour l'enlever celui-là, il faudra s'attaquer à la partie haute de la bâtisse » me répondit-il. Et d'ajouter : « Tu vois, les promoteurs vont donner raison à Alphonse Allais en allant construire des villes à la campagne ! » Ainsi est née la chanson *Stances à un cambrioleur*.

Cet épisode marqua le début des vacances bretonnes. Georges chargea Michel Le Bonniec, neveu de Jeanne, de lui trouver une maison dans la commune de Lézardrieux. Brassens y passa désormais ses vacances. À ce propos, Georges, à qui l'on reprochait de bouder Sète et le « Languedo », fut amené à préciser que la maison de Kerflandry pouvait être considérée comme une enclave occitane dans les côtes d'Armor !

Le moulin de la Bonde, à Crespières, lors de son achat en 1958.

Le même après travaux.

Georges fait appel aux bonnes volontés pour détourner le lit de la rivière !... Quelques années plus tard, sur la demande des riverains, il devra lui laisser reprendre son cours naturel. De gauche à droite : Pierre Onténiente, Pierre Maguelon, dit « Petit Bobo » (de dos), Jean Bertola et Georges, au torse impressionnant.

1 Y avait autrefois
Sur notre rivière
Un pont dont ma foi
La ville était fière

De l'autre côté
J'avais rien à faire
Mais cette beauté
Avait su me plaire

2 La guerre survint
Des raisons tactiques
Sonnèrent la fin
Du vieux pont rustique

Et pour le profit
D'être en son sillage
Maintes fois je fis
Les frais du voyage

3 On a fait sauter
Ses deux pauvres arches
Afin d'arrêter
L'ennemi en marche

Il advint qu'un jour
Une grosse lame
Au tiers du parcours
Emporte une rame

4 Lequel en dépit
De ce stratagème
Étant amphibie sa fait
Est passé quand même

A la mi-chemin
Une autre plus forte
De sa frêle main
L'autre rame emporte

radeau
Avec son bateau
Lors vint un bonhomme
Qui était passeur d'eau
Comme on les dénomme

Enfin presque au bout
Une lame pire
Sens dessus dessous
Tourne le navire

6 ~~Affi~~nez bourgeonné
~~Une~~ la rouge trogne
Un timbre aviné
~~Un~~ parfait ivrogne

Nageur émérite
Je sauvai des eaux (flots)
La pauvre petite

7 Quand il était gris
Prévenant un drame
C'est sa fille qui
Se mettait aux rames

8 Pour deux sous comptant
~~Qu'il vente qu'il pleuvait~~
Faisait en deux temps
Traverser le fleuve

quelque temps qu'il fasse
vous menait en temps
sur la berge d'en face

---

5 Sur bonheur bientôt
avec sa nacelle
vint un passeur d'eau
~~Marin~~ rameur plein de zèle

Quand le passeur d'eau
avait bu quel drame
Sa fille aussitôt
Se mettait aux rames

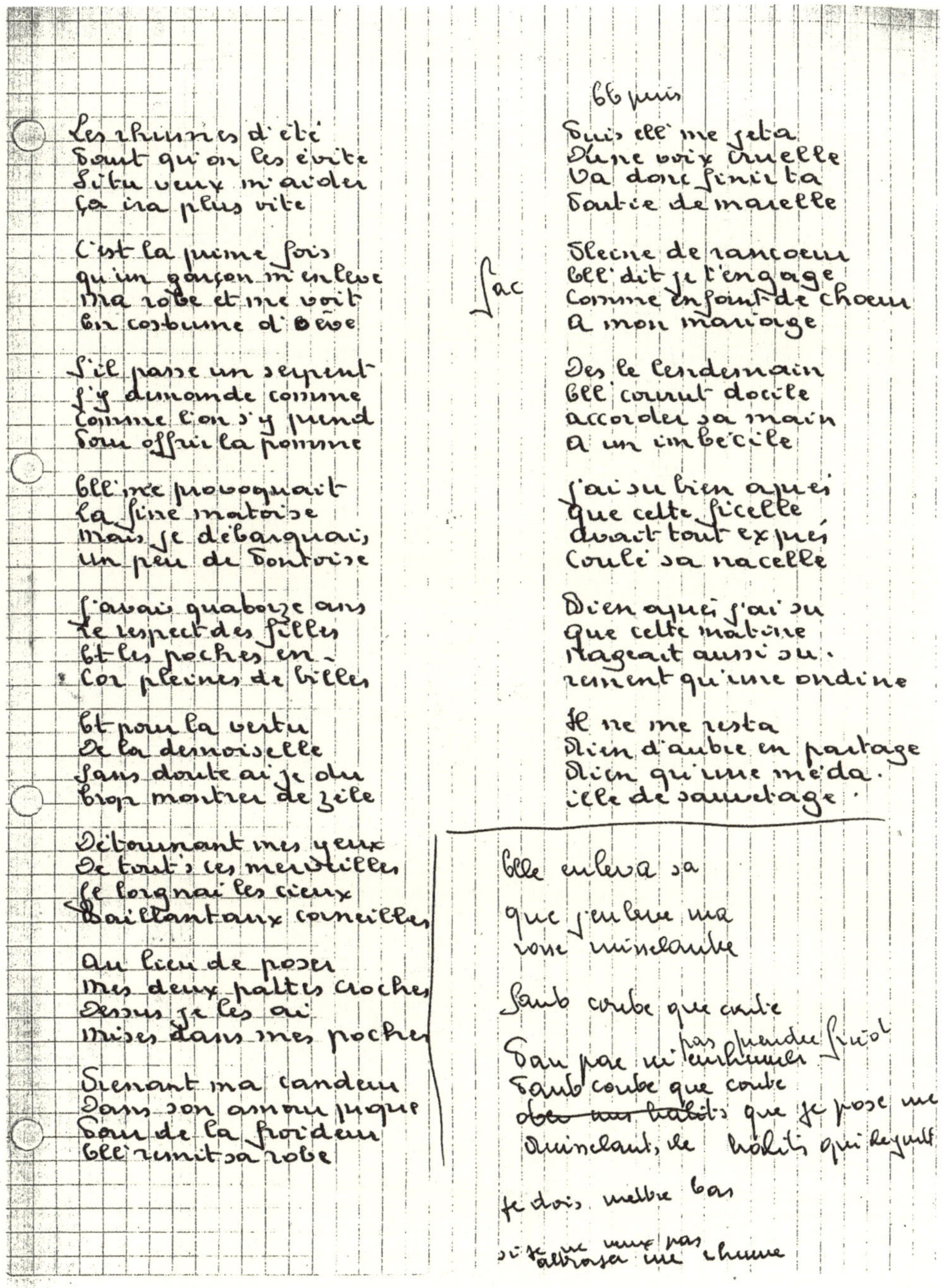

Les chaleurs d'été
Sont qu'on les évite
Si tu veux m'aider
Ça ira plus vite

C'est la première fois
Qu'un garçon m'enlève
Ma robe et me voit
En costume d'Ève

S'il passe un serpent
J'y demande comme
Comme l'on s'y prend
Pour offrir la pomme

Elle me provoquait
La fine matoise
Mais je débarquai
Un peu de Pontoise

J'avais quatorze ans
Le respect des filles
Et les poches en-
cor pleines de billes

Et pour la vertu
De la demoiselle
Sans doute ai-je dû
Trop montrer de zèle

Détournant mes yeux
De toutes ces merveilles
Je lorgnai les cieux
Baillant aux corneilles

Au lieu de poser
Mes deux pattes croches
Dessus je les ai
Mises dans mes poches

Prenant ma candeur
Dans son amour propre
Pour de la froideur
Elle remit sa robe

66 puis

Puis elle me jeta
D'une voix cruelle
Va donc finir ta
Partie de marelle

Sac

Pleine de rancoeur
Elle dit je t'engage
Comme enfant de choeur
A mon mariage

Dès le lendemain
Elle courut docile
Accorder sa main
A un imbécile

J'ai su bien après
Que cette ficelle
Avait tout exprès
Coulé sa nacelle

Bien après j'ai su
Que cette matoise
Nageait aussi sû-
rement qu'une ondine

Il ne me resta
Rien d'autre en partage
Rien qu'une méda-
ille de sauvetage.

Elle enleva sa

que j'enlève ma
robe [illegible]

Faut coûte que coûte

Dans pas m'[illegible] pas prendre froid
Faut coûte que coûte
~~[illegible] habits~~ que je pose mes
[illegible] habits qui [illegible]

Je dois mettre bas

si je ne veux pas attraper un rhume

Brouillons d'une chanson inédite
La Fille du passeur.

Avec Guy Béart.

Avec Guy Béart, Püpchen, Aline Battista et sa fille Clotilde.

Georges et André Vers.

Mario, Georges, André Vers, Guy Béart, Emmanuelle Béart et le chien Kaf.

L'amour des animaux

« Mes chats, privés de leur mou peuchère, devaient dire : "Il exagère". »

Christian Marin vient d'offrir « Cri-Cri » (raccourci de Christian) à Georges. Il sera recueilli par Püpchen, puis par Agathe Fallet.

Avec le siamois « Kikou » offert par René Fallet et qui fut recueilli par la suite par Sophie, la gouvernante.

« J'aime les chats,

SOPHIE DUVERNOY,
KIKOU ET...
SON BON MAÎTRE !

parce qu'il n'y a pas
de chats policiers ! »

Ce qui n'excluait en rien, la tendresse de Georges pour la gent canine… Dans le jardin de la rue Santos-Dumont, le chien Kaf et le « roi de la petite reine » !

Avec Battista
et le chien Kaf
à Lézardrieux.

À Cardif, en octobre 1970.

La femme
Püpchen

L'ÉTERNEL FÉMININ...
LA SÉDUCTION VOLONTAIRE
OU INVOLONTAIRE !

PIERRE ONTÉNIENTE, GEORGES, GINOU ET SOPHIE DUVERNOY.

LA GOUVERNANTE ET LA COIFFEUSE

En ouvrant un paquet, Georges s'est entaillé le médius. « Je t'attendais pour que tu m'accompagnes chez le pharmacien, rue Brançion », me dit-il. Au retour, à l'angle de la rue Santos-Dumont, il suggère : « Allons saluer la coiffeuse, c'est une amie de Sophie. » Quelques jours plus tard, j'arrive chez Georges. Sophie m'ouvre la porte et me déclare : « Ah ! Mario, vous avez tapé dans l'œil de ma coiffeuse ! » Entendant cela, Georges réagit en forçant la dose : « C'est inouï ! Le petit Poletti a séduit la coiffeuse qui n'a même pas remarqué le grand Brassens ! Où va-t-on, mais où va-t-on ? »

Elle entra dans ma vie en patins à roulettes
J'aurais dû m'écarter
J'étais plus un bec jaune elle était bachelette
J'aurais dû m'en garder
Mais quand l'amour s'en mêle au ~~marche~~ part
L'amour comme il se doit marchant à l'aveuglette
Je lui ai emboîté
Le pas bien conscient de faire une boulette
Qu'il faudrait regretter
Toutes les bonnes gens
La publique rumeur m'a mis sur la sellette
On m'a même traité
D'ignoble individu de trousseur de fillettes (bachelettes)
De satyre éhonté

La chair fut un peu triste elle était pucelette
Moi j'étais empoté
Vers le septième ciel où les anges volettent
Elle n'est pas montée

La fringale la prit ~~j'avais pas~~ je manquais de galette
Lors elle m'a quitté
Elle sortit de ma vie en patins à roulettes
S'en chercher sa pâtée

Chez un boucher des abattoirs de la Villette
Elle s'est invitée
Et dans tout le secteur alors la côtelette
Fut une rareté

Extrait d'une chanson inachevée (titre inconnu).

À Crespières, Püpchen déployait souvent son art culinaire pour les nombreux visiteurs.

Je m'suis fait tout p'tit… devant une Püpchen

Püpchen, la femme de sa vie avec laquelle il n'a jamais cohabité, a été présente et discrète à ses côtés pendant plus de trente ans. Cependant, elle disait : « Je ne suis pas dans l'ombre de Georges, mais dans sa lumière ! »

Quelques mois après la disparition de Georges, nous dînons, Püpchen et moi, dans une brasserie rue d'Alésia. Je lui parle abondamment de « son grand homme ». Ses yeux s'illuminent d'émotion et de plaisir : « Mario, quand tu me parles de Georges, je n'entends plus les bruits du restaurant » dit-elle doucement, de son charmant accent slave.

À Crespières, dans les années 60.

Georges et Püpchen, invités de Christian Marin et de son épouse, dans les années 70.

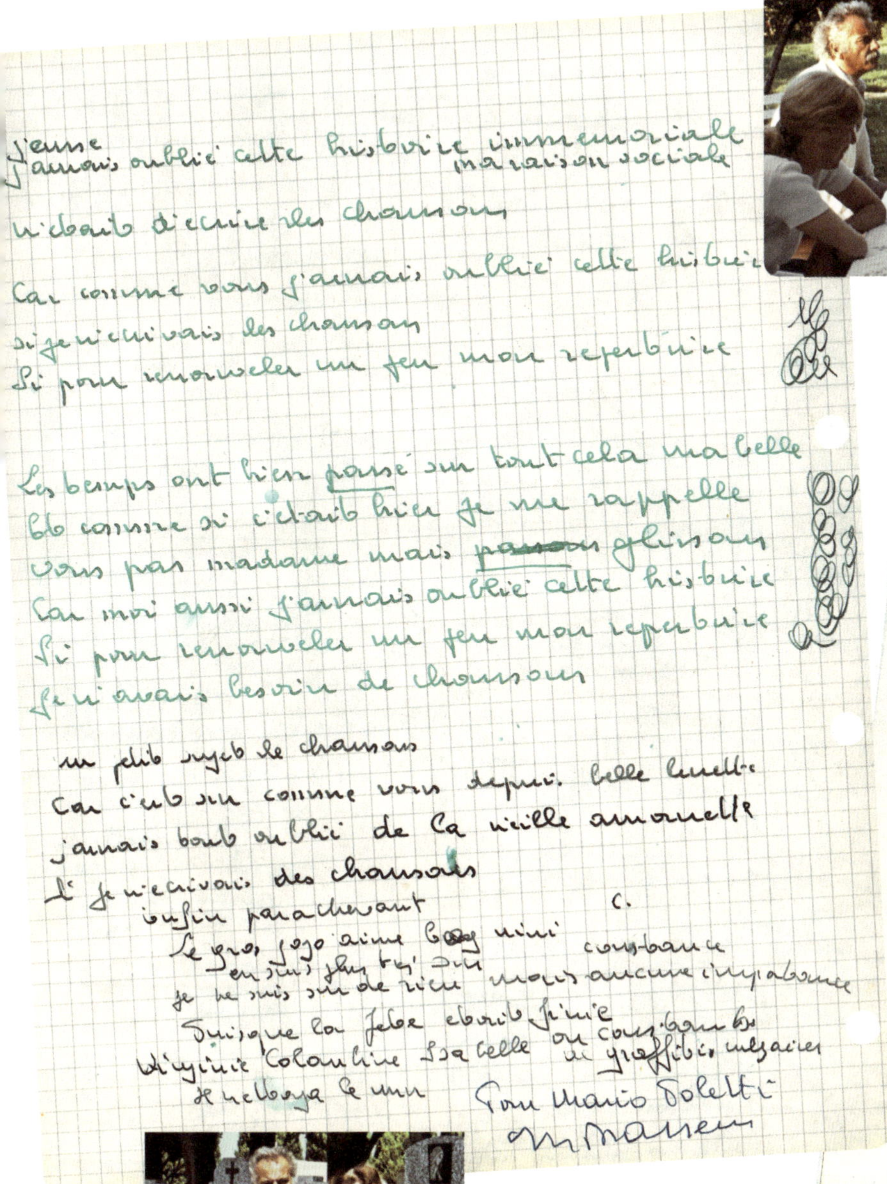

J'aimerais / J'aurais oublié cette histoire immémoriale
ma raison sociale
n'était d'écrire des chansons
car comme vous j'aurais oublié cette histoire
si je n'écrivais des chansons
si pour renouveler un peu mon répertoire

Les temps ont bien passé sur tout cela ma belle
Et comme si c'était hier je me rappelle
vous pas madame mais ~~passons~~ glissons
car moi aussi j'aurais oublié cette histoire
si pour renouveler un peu mon répertoire
je n'avais besoin de chansons

un petit sujet de chanson
car c'est sûr comme vous depuis belle lurette
j'aurais tout oublié de la vieille amourette
si je n'écrivais des chansons
Enfin parachevant
Le gros Jojo aime bien … constance
en suis plus …
je ne suis sûr de rien mais aucune importance
Puisque la fête était finie ou consommée
Virginie Colombine Isabelle … graffiti vulgaires
Je nettoya le mur
Pour Mario Soletti
G Brassens

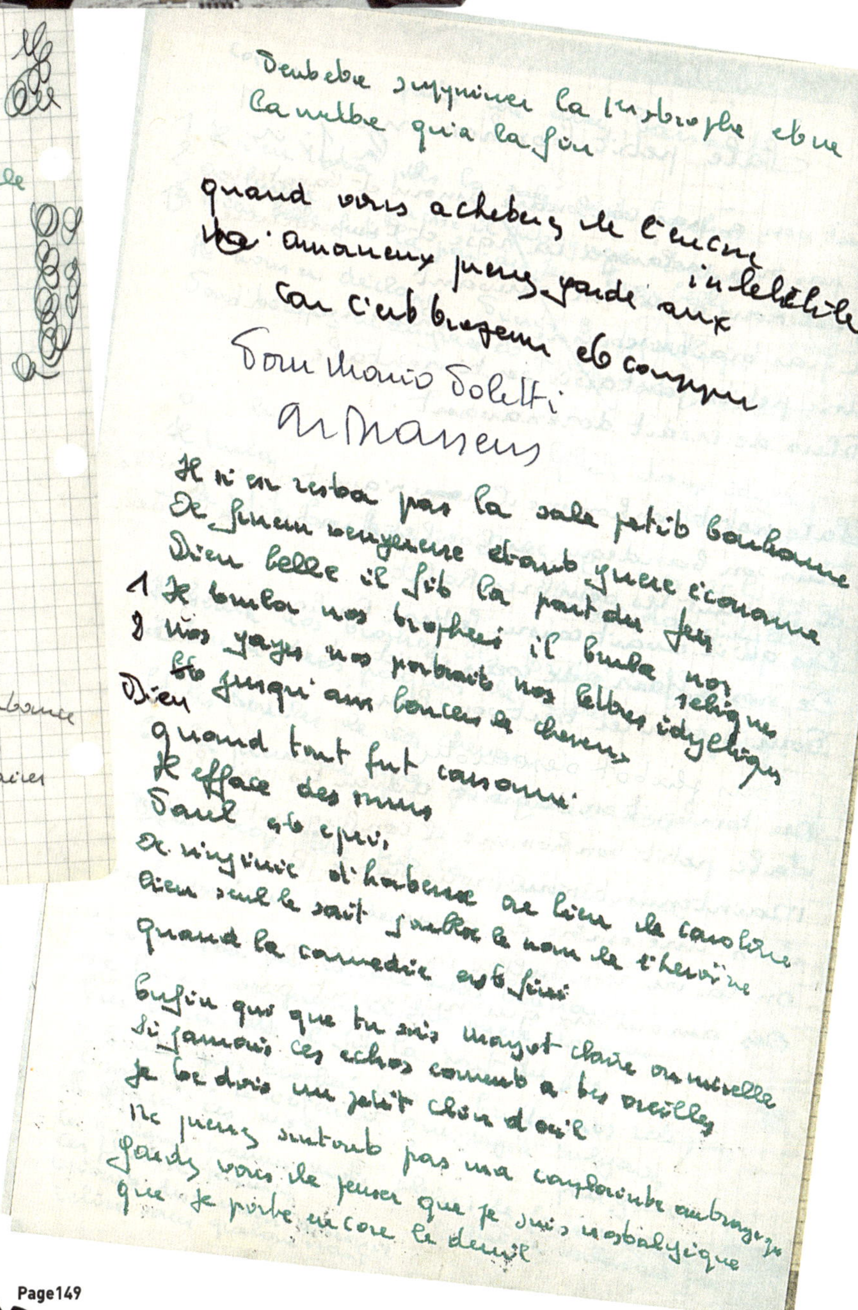

Deuxième supprimer la strophe et la mettre qu'à la fin

quand vous achetiez de l'encre indélébile
les amoureux prenez garde aux
car c'est bougrement connu
Pour Mario Soletti
G Brassens

Il n'en resta pas la sale petit bonhomme
Se sentant vengeresse étant guère économe
Dieu belle il fit la part du feu
1 Je brûla nos trophées il brûla nos
2 vos pages nos portraits nos lettres idylliques reliques
Et jusqu'aux boucles de cheveux
Dieu
quand tout fut consommé
Je efface des murs
Seul et épris,
de virginie d'habitude de lieu de caroline
dieu seul le sait jusqu'au le nom de l'héroïne
quand la comédie est finie
Enfin que que tu sois margot claire ou mireille
si jamais ces échos viennent à tes oreilles
je te dois un petit clin d'œil
ne prends surtout pas ma confidente ombrage
gardez vous de penser que je suis nostalgique
que je porte encore le deuil

Deux brouillons de la chanson *Sale Petit Bonhomme.*

Georges et Püpchen au cimetière Le Py, à Sète.

Püpchen a survécu dix-huit ans à Georges. Jusqu'à la fin, elle est restée fraîche et vive, gardant intact le charme slave qui faisait « craquer » son entourage. Malgré les apparences, Gibraltar et moi prenions grand soin d'elle.

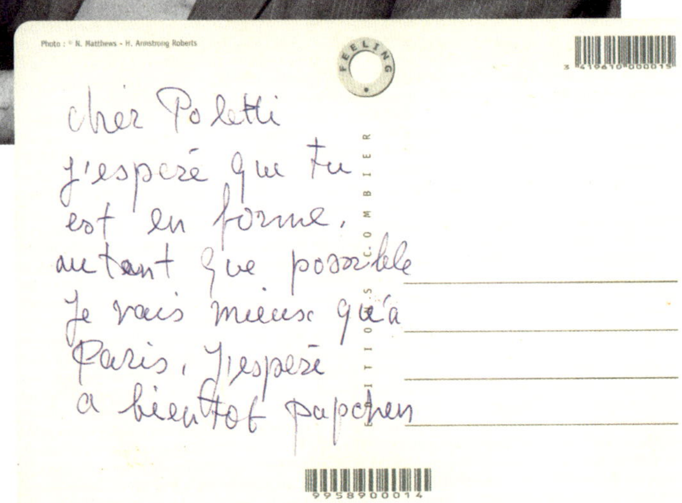

Photo : © N. Matthews - H. Armstrong Roberts

FEELING

chèr Poletti
j'espéré que tu
est en forme,
autant que possible
je vais mieux qu'à
Paris. J'espéré
a bientot pupchen

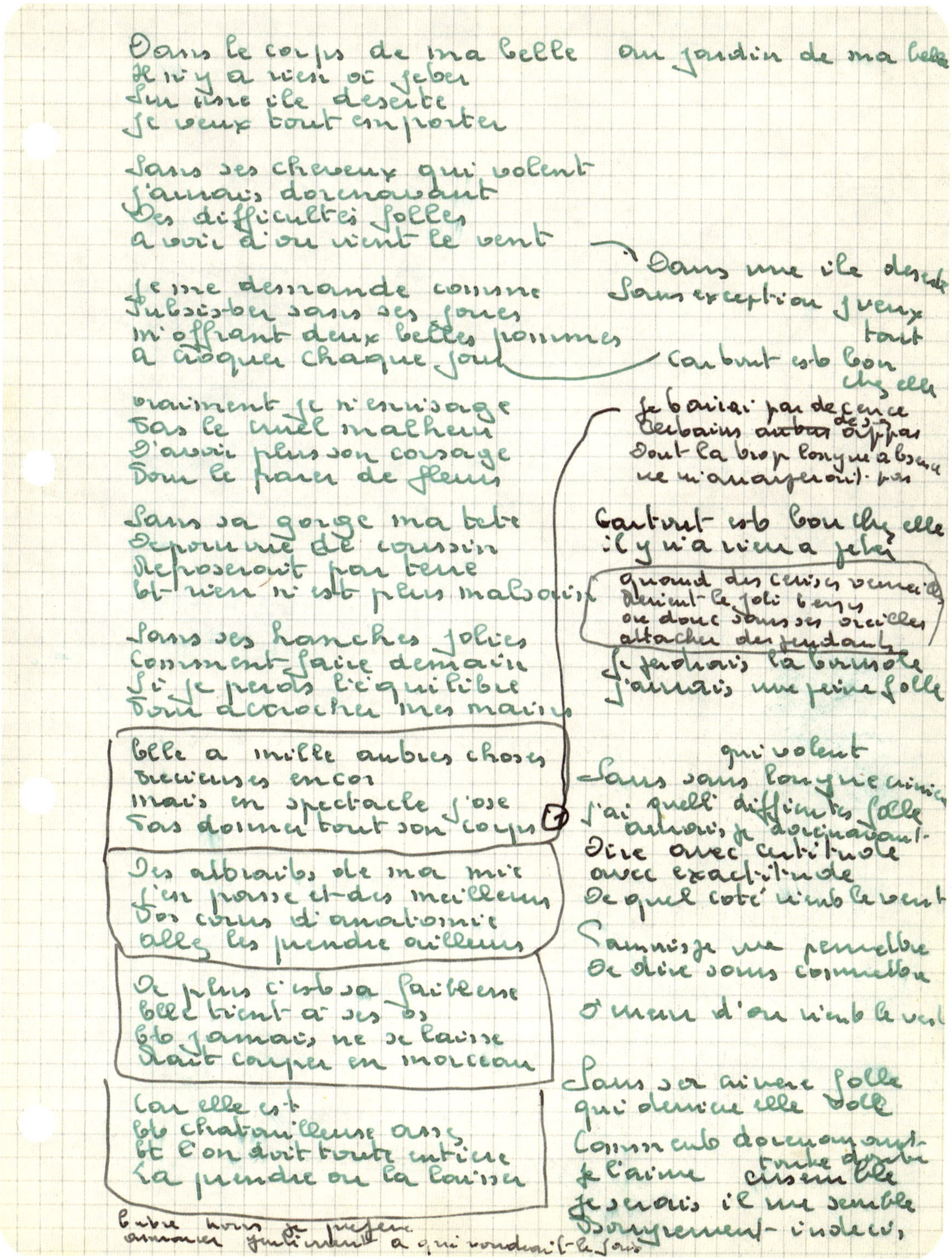
Dans le corps de ma belle — au jardin de ma belle
Il n'y a rien à jeter
Sur une île déserte
Je veux tout emporter

Sans ses cheveux qui volent
J'aurais dorénavant
Des difficultés folles
A voir d'où vient le vent

Je me demande comme
Subsister sans ses joues
M'offrant deux belles pommes
A croquer chaque jour

Vraiment je n'envisage
Pas le moindre malheur
D'avoir plus son corsage
Pour le panier de fleurs

Sans sa gorge ma tête
Dépourvue de coussin
Reposerait par terre
Et rien n'est plus malsain

Sans ses hanches jolies
Comment faire demain
Si je perds l'équilibre
Pour accrocher mes mains

Elle a mille autres choses
Précieuses encor
Mais en spectacle j'ose
Pas donner tout son corps

Des abrutis de ma mie
J'en passe et des meilleurs
Vos cours d'anatomie
Allez les prendre ailleurs

De plus c'est sa faiblesse
Elle tient à ses os
Et jamais ne se laisse
Tant couper en morceaux

Car elle est
Et chatouilleuse assez
Et l'on doit toute entière
La prendre ou la laisser

Entre nous je préfère
annoncer gentiment à qui voudrait la faire

Dans une île déserte
Sans exception j'veux
tout
Car tout est bon
chez elle
Je baiserai par décence
Ces bains désespoir
Dont la trop longue absence
ne m'manquerait pas

Car tout est bon chez elle
Il n'y a rien à jeter
Quand des cerises vermeilles
Devient le joli temps
Ou donc sans ses oreilles
Attacher des pendants
Je perdrais la boussole
J'aurais une peine folle

qui volent
Sans sa longue crinière
J'ai quelle difficulté folle
J'aurais je dorénavant
Dire avec certitude
avec exactitude
De quel côté vient le vent

Sans nez je ne permettre
De dire sans connaître
D'où d'où vient le vent

Sans sa crinière folle
Qui danse elle vole
Comment dorénavant
Je l'aime toute droite ensemble
Je serais il me semble
Bougrement indécis,

Brouillon de la chanson *Rien à jeter.*

L'ours dans sa tanière… à Sète !

Brassens piégé

Exceptionnellement, Georges accepte, ce jour-là, une invitation à déjeuner en ville sur l'insistance d'une jeune femme qui nourrit envers lui les désirs que l'on peut imaginer. Nous sommes convenus que je dois le rejoindre chez lui vers midi, avant de passer chez Püpchen. C'est un samedi. Sophie est en congé, Georges est seul et dispose de la matinée pour se préparer. Vers neuf heures trente, on sonne à sa porte. D'ordinaire, il n'ouvre jamais lui-même, mais aujourd'hui, sans méfiance, il s'exécute et se trouve face à la jeune femme, avec trois heures d'avance ! Georges est interloqué. Très embarrassé, il la fait asseoir au salon. Que faire ? Il se précipite alors sur un téléphone, dissimulé dans un placard à l'étage du dessous, et met son rasoir électrique en marche pour masquer ses paroles : « Mario, viens vite me sortir de là… elle est chez moi. J'ai les joues en feu car je me rase depuis un moment… après l'épiderme, j'attaque le derme ! Viens vite… » Vingt minutes plus tard, il est soulagé : je le délivre d'une intrigue non souhaitée.

Sa Bretagne

VOUS ETES EN UNE ENCLAVE
OCCITANIE SINISTREE
VOUS NE PRENDREZ PAS TOUJOURS LES OCCITANS POUR DES CONS....
VOLEN VIURE !

À Paimpol.

Notre dernière promenade

Il ne me reste plus qu'un jour ou deux à passer chez Georges, à Lézardrieux. Lève-tôt, comme à son habitude, il me propose, après le petit-déjeuner, une promenade en bord de mer. « Emporte ton appareil, tu vas trouver des endroits intéressants à photographier » me dit-il. Éric Battista, qui nous accompagne, dit à Georges : « Le parcours que tu lui proposes, nous l'avons déjà fait l'an dernier. » « Allons-y quand même, il aura les photos en double » insiste-t-il. Ce fut notre ultime sortie en Bretagne.

Le hasard fait bien les choses ! Mais, ce bateau ancré chez Georges ne m'appartient pas, hélas…

Pour ma première visite chez Georges en Bretagne, il m'avait écrit son adresse.

À Lézardrieux, Georges très entouré.

Avec la famille Battista et Püpchen.

Avec Clotilde Battista.

Pierre Tchernia, Michel Le Bonniec, neveu de Jeanne qui a fait découvrir à Georges sa maison de Bretagne, et François Chatel, réalisateur de télé, père de Philippe.

À Paimpol.

Premières visites en Bretagne, dans les années 60, avec Michel Le Bonniec et son fils.

À Kerflandry, avec le jardinier Marie-Yves Lebongouat, qui taille la haie de clôture, et Clotilde Battista.

La fuite devant l'église

Georges nous propose, à Battista et à moi-même, d'aller prendre le petit-déjeuner en terrasse, près de Lézardrieux. À peine installés, un car déverse son contingent de touristes qui se précipitent sur Brassens sous l'œil courroucé du curé… Ce dernier, en soutane, traverse en hâte la place pour ramener ses ouailles et déclare : « Allons, allons… c'est en face qu'on vous attend ! » Mi-amusé, mi-contrarié, Georges décide illico de prendre la fuite.

Près de Paimpol.

Lézardrieux. Georges devant Le Trieux.

Éric Battista, Püpchen, une amie et Georges à la Pointe du Raz. Vite reconnu, il fut contraint de déguerpir.

À Lézardrieux, avec Éric Battista dans « ce jardin extraordinaire »…

Repos à Kerflandry, avec Battista et Püpchen.

Sieste chez moi en Bretagne, à deux pas de la baie des Trépassés. En 1972, grâce à une rentrée d'argent inattendue, j'achète un terrain dans le Finistère. Georges l'apprend et me dit : « Tout près de chez moi j'espère ? » « Non, c'est près de la Pointe du Raz. » Réaction de Georges qui résidait dans les Côtes d'Armor : « Qu'est-ce que tu vas foutre là-bas ? »

Avec Éric Battista.

Les haltères

Homme d'une grande culture, mais aussi culturiste (!), Georges possédait un appareillage conséquent (haltères, extenseurs…) dans sa salle de bains, qui était un passage obligé pour les visiteurs. C'était alors l'occasion pour lui de montrer sa force physique.

Georges était un intellectuel (un demi-cultivé comme il disait), un artiste, mais aussi un sportif à la force herculéenne. Ici, à Lézardrieux, il lance un défi à son kinésithérapeute Guy Zerath

Paris, rue Santos-Dumont

Le sous-sol du jardin aménagé en « bunker ».

De la main de Georges qui m'avait demandé de lui procurer ce produit afin d'assainir son « bunker ».

Travaux d'Hercule

Le fidèle secrétaire, Gibraltar, dans le jardin de Georges.

L'ami Georges avait le souci constant de ne pas nuire à son entourage. Régulièrement, je faisais, de sa part, cadeau de disques aux voisins les plus proches, rue Santos-Dumont. C'était pour lui une façon de s'excuser des nuisances sonores que sa musique pouvait provoquer.

« Gloire à qui n'ayant pas d'idéal sacro-saint, Se borne à ne pas trop emmerder ses voisins.

Poussant le scrupule à l'extrême et afin de s'isoler totalement, il eut l'idée de faire creuser dans sa cour un trou, une pièce, une sorte de cave qu'il appelait son « bunker ». Un artisan avait été chargé de l'opération. Il travaillait seul, sans engin de chantier, ce qui représente un travail considérable quand on imagine le nombre de mètres cubes à extraire ! D'autant que le garage était le seul lieu de transit des brouettées.

Après des mois d'efforts, Georges put enfin y installer guitares, disques, partitions et matériel sonore. Hélas, il avait omis de prévoir une aération pour assainir les lieux et l'humidité commença peu à peu à « ronger ses grimoires ». Les méfaits s'amplifièrent rapidement : partitions et disques se gondolèrent, les magnétophones se piquèrent. Bref, tout l'ensemble se mit à jaunir ou à verdir ! En dépit du produit anti-humidité que je lui procurai, Brassens dut se résoudre à abandonner les lieux, à contrecœur. À quoi sert actuellement ce bunker ? Que jamais, mort de mon âme, jamais il ne serve d'abri, en cas de conflit.

Le jardin rue Santos-Dumont.

Brassens et ses deux voisins

La dernière résidence de Georges fut un pavillon de deux étages donnant sur une cour transformée en jardin, rue Santos-Dumont, dans le xve arrondissement. Il souhaitait acquérir une maison mitoyenne afin d'y installer sa société d'éditions (Éditions musicales 57). Sa voisine, sur le côté gauche, était une charmante dame avec qui il entretenait des rapports courtois. Il lui avait fait savoir qu'il se porterait acquéreur de sa maison, si elle venait à s'en séparer. Malheureusement, la voisine rendit son âme à Dieu et les héritiers vendirent le pavillon sans en avertir Brassens.

Georges avait fait la même proposition à son voisin opposé, qui avait promis d'en tenir compte. Hélas, ce dernier s'en alla à son tour « rejoindre le royaume des ombres » et là encore, la maison fut vendue sans que Georges le sache. Sans perdre son sens de l'humour noir, le « bon maître » me déclara : « Tu vois, Mario, on ne peut se fier à personne. C'est à croire qu'ils se sont donnés le mot pour disparaître sans prévenir ! »

Georges avec sa voisine.

Trois des Compagnons de la chanson qui ont aidé à l'insonorisation des lieux.

Meccano

Georges avait conservé une part du paradis des amours enfantines. Les objets qu'il n'avait pas eus durant ses toutes premières années le faisaient encore rêver… Un jour, il nous chargea, Gibraltar et moi, d'acheter un « Meccano » de la plus grande taille existante, un ou dix, je ne sais plus au juste. Au pied de la nouvelle tour Montparnasse, un magasin de jouets nous fournit l'objet demandé et le livra rue Santos-Dumont. Je crois savoir que la boîte de ce Meccano ne fut jamais ouverte, mais le plaisir était bien présent.

Le verbe

Les influences littéraires

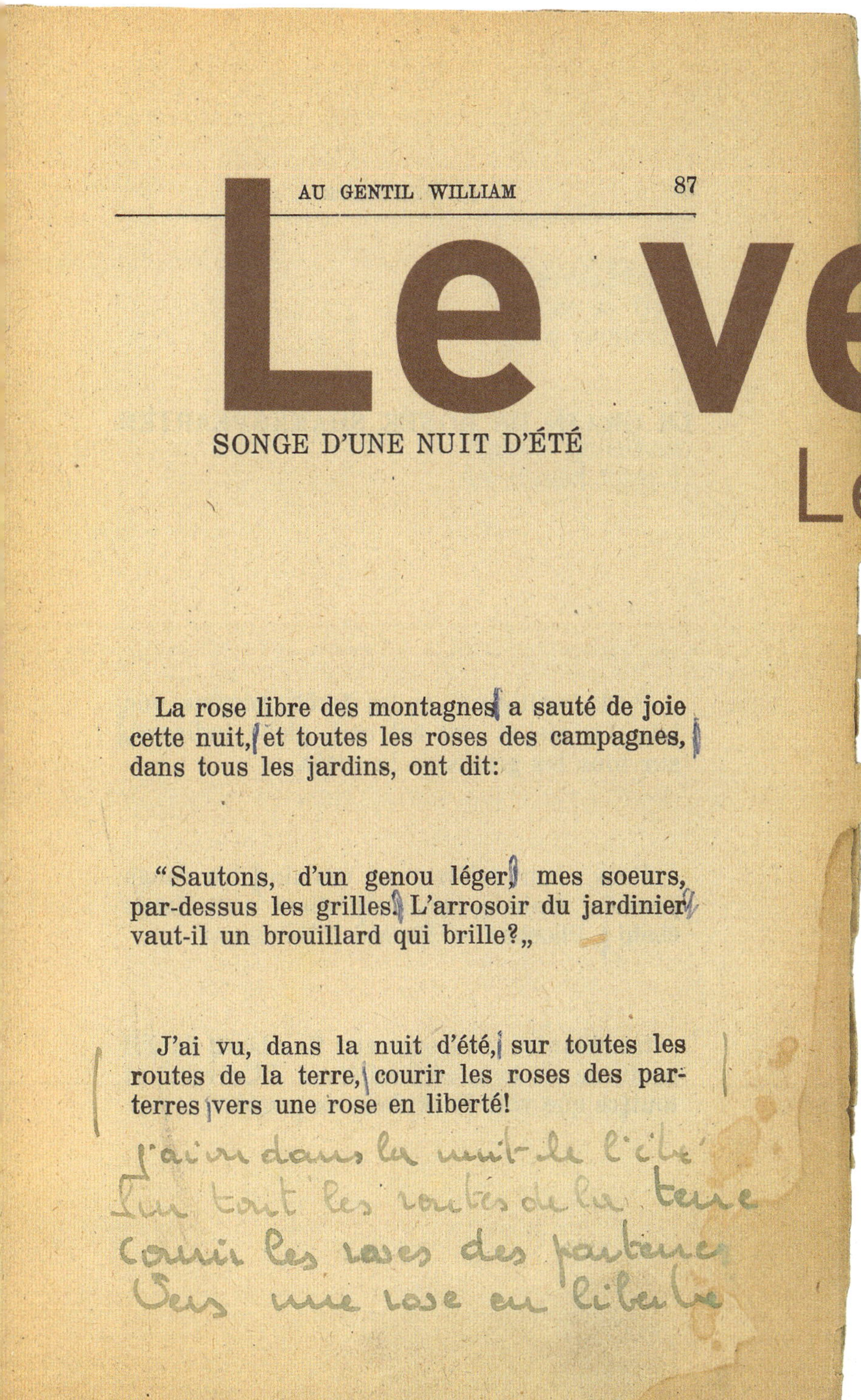
AU GENTIL WILLIAM 87

SONGE D'UNE NUIT D'ÉTÉ

La rose libre des montagnes a sauté de joie cette nuit, et toutes les roses des campagnes, dans tous les jardins, ont dit:

"Sautons, d'un genou léger, mes soeurs, par-dessus les grilles. L'arrosoir du jardinier vaut-il un brouillard qui brille?„

J'ai vu, dans la nuit d'été, sur toutes les routes de la terre, courir les roses des parterres vers une rose en liberté!

j'ai vu dans la nuit de l'été
Sur tout les routes de la terre
Courir les roses des parterres
Vers une rose en liberté

Dans *Les Ballades françaises*, œuvre pléthorique de Paul Fort, Brassens trouvait des « trésors cachés », tel ce *Songe d'une nuit d'été*, dont il avait recopié la troisième strophe de manière à en faire un quatrain.

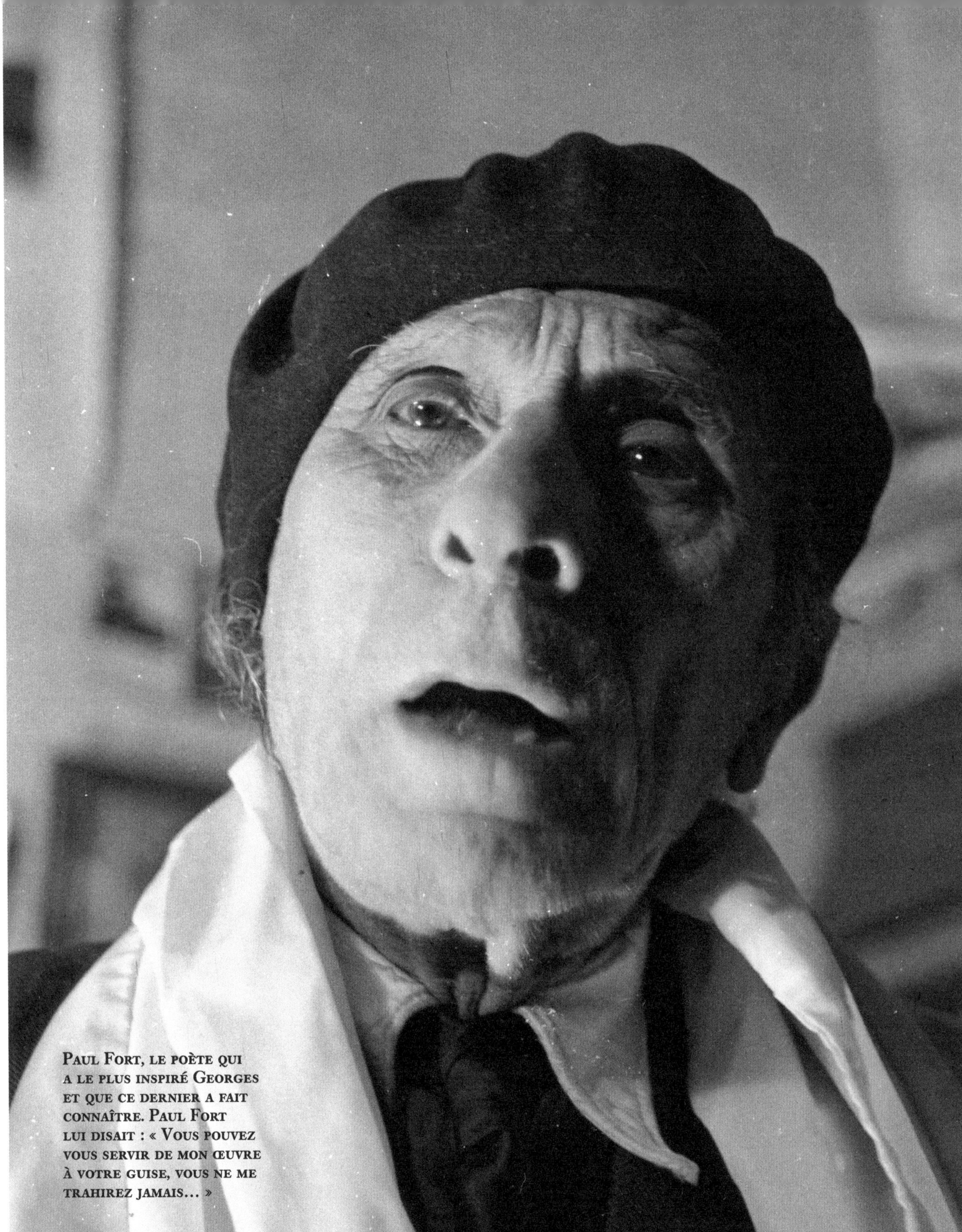

Paul Fort, le poète qui a le plus inspiré Georges et que ce dernier a fait connaître. Paul Fort lui disait : « Vous pouvez vous servir de mon œuvre à votre guise, vous ne me trahirez jamais… »

Le médecin et la négresse blonde

Brassens est allongé torse nu sur son canapé. Son médecin, le docteur G. lui palpe le dos, car Georges craint une récidive de coliques néphrétiques. Hélas, il souffre déjà des symptômes de la maladie qui va l'emporter. Ménageant ses effets, le médecin déclare soudain :

« – Cette fois, Monsieur Brassens, je vais vous coller avec un auteur peu connu !

– De qui s'agit-il ?

– De Georges Fourest.

– Vous voulez parler de l'auteur de la *Négresse blonde* et du *Géranium ovipare*, du grand maître du symbolisme, voire de la rhétorique. Pardi, que je le connais ! » répond Georges qui récite une longue tirade du livre. Abasourdi et dépité, le médecin murmure : « Eh bien ! ce sera pour une autre fois... » Et la visite se termine par un pastis.

Georges en compagnie de Madame Paul Fort (Germaine Tourangelle) et son fils dans sa loge à Bobino, dans les années 70.

Des années plus tard, rencontre avec le fils de Paul Fort, à gauche, à côté de Lucienne Onténiente. À ma gauche : Pierre Onténiente et Valérie Ambroise, interprète de Brassens.

Glouton optique et glouton littéraire

Brassens raillait gentiment mon intérêt pour la photographie et m'avait affublé du sobriquet de « glouton optique ». Un jour, je lui parle d'un soldeur de livres établi rue Dupuytren. À vrai dire, je l'avais remarqué sans y trouver personnellement un grand intérêt. Un midi, nous nous rendons là-bas, Georges et moi. L'étroitesse de la rue nous oblige à stationner en partie sur le trottoir, ce qui provoque le courroux d'un cafetier. Ayant reconnu Brassens, le limonadier devient plus conciliant. Nous l'assurons que l'encombrement sera de courte durée et rentrons chez le soldeur. D'un coup d'œil circulaire, Georges repère rapidement les livres qui l'intéressent : je le vois faire, des deux mains, ample moisson d'ouvrages divers, m'invitant à en faire autant. « Prends ça... et ça aussi, et encore celui-là. » Puis nous ressortons le plus discrètement possible, malgré un attroupement de curieux. Les bras chargés de livres, je réalise soudain que sans Georges, je serais resté d'une « ignorance encyclopédique », selon sa propre expression. Ce jour-là, le glouton optique est devenu un glouton littéraire.

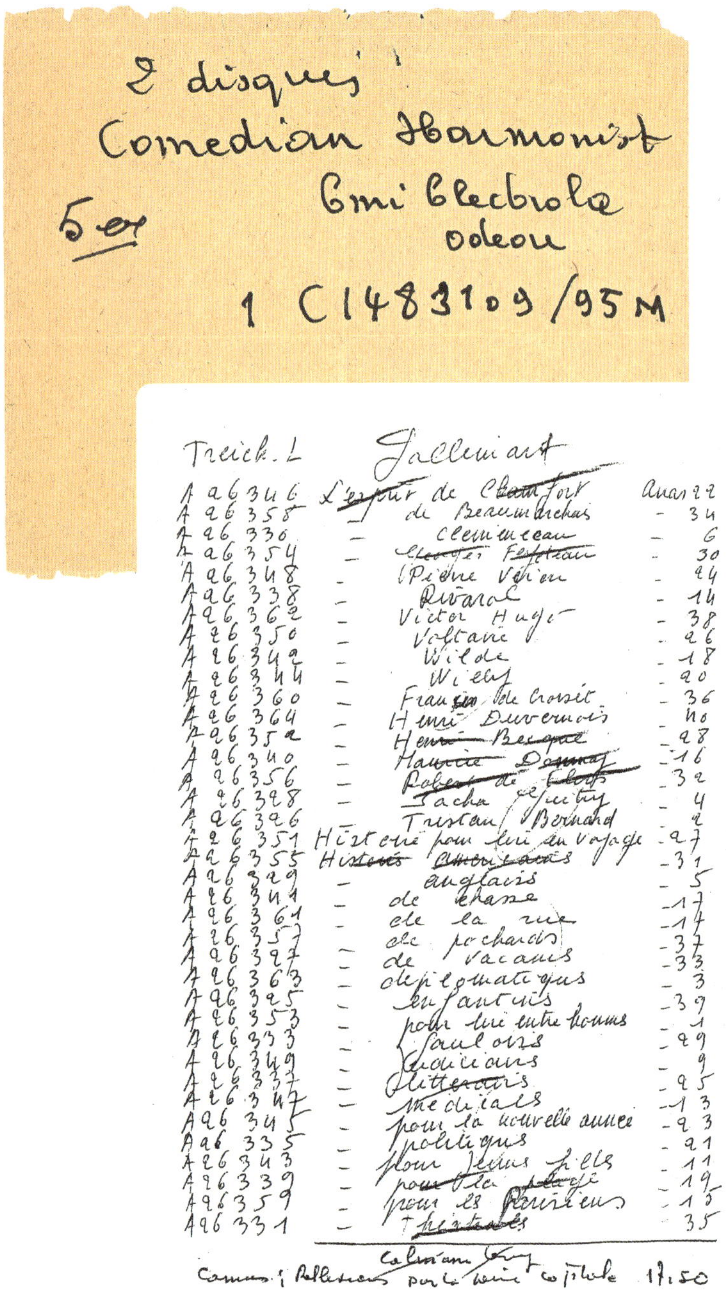
2 disques
Comedian Harmonist
5 er Emi Electrola
odeon
1 C148 3109/95M

Treich. L — Gallimard

A 26346 L'esprit de Chamfort — Anas 22
A 26358 — de Beaumarchais — 34
A 26336 — Clemenceau — 6
A 26354 — Georges Feydeau — 30
A 26348 — l'Esprit de Verlaine — 24
A 26338 — Rivarol — 14
A 26362 — Victor Hugo — 38
A 26350 — Voltaire — 26
A 26342 — Wilde — 18
A 26344 — Willy — 20
A 26360 — François de Croisset — 36
A 26364 — Henri Duvernois — 40
A 26352 — Henri Becque — 28
A 26340 — Maurice Donnay — 16
A 26356 — Robert de Flers — 32
A 26328 — Sacha Guitry — 4
A 26326 — Tristan Bernard — 2
A 26351 Histoires pour lire en voyage — 27
A 26355 Histoires américaines — 31
A 26329 — anglaises — 5
A 26341 — de chasse — 17
A 26361 — de la rue — 17
A 26357 — de pochards — 37
A 26397 — de vacances — 33
A 26363 — diplomatiques — 3
A 26325 — enfantines — 39
A 26353 — pour lire entre hommes — 1
A 26333 — gauloises — 29
A 26349 — judiciaires — 9
A 26337 — littéraires — 25
A 26347 — médicales — 13
A 26345 — pour la nouvelle année — 23
A 26335 — politiques — 21
A 26343 — pour jeunes filles — 11
A 26339 — pour la plage — 19
A 26359 — pour les Parisiens — 15
A 26331 — théâtrales — 35

Calmann Lévy
Camus ; Rellisses par la reine capitale 17,50

Liste de disques et de livres que Brassens me chargeait de lui procurer.

Les affres de la création

Brassens et moi devisons à bâtons rompus en marchant dans le petit jardin qui jouxte sa maison, rue Santos-Dumont : « Dis-moi Georges, comment trouves-tu une idée de chanson ? » « Je dois à la vérité de te dire que j'ai cinq cents sujets en tête, mais peu viennent à terme. La recherche du mot juste, l'expression adéquate tardent à mûrir. Mon esprit est en éveil permanent. En période de création, je dois m'isoler. Le moindre bruit me déconcentre et l'inspiration s'envole. Un bruit de clé dans la serrure me dérange… Puisque mes chansonnettes semblent avoir pour toi quelque intérêt, sache que si certaines chansons naissent en six mois, d'autres restent dans les cartons plusieurs années ou ne voient jamais le jour… Au début de mon tour de chant, je les peaufine encore, changeant un mot, une tournure de phrase ; elles ne sont terminées que lorsque je les enregistre. »

À ce propos, il me revient en mémoire un petit jeu que Georges affectionnait et qu'il pratiquait avec ses proches : reformuler les barbarismes du langage courant. Un jour, il me demande : « Où étais-tu passé ces jours-ci ? » Je réponds : « Je suis parti en Italie. » Georges me rétorque : « J'eusse préféré que tu me répondes : je suis parti pour l'Italie. » On sait que Brassens était un puriste de la langue française, en toutes circonstances. Poursuivant mes investigations sur sa création, je lui demande :

« – Et comment procèdes-tu pour poser la musique appropriée ?

– Je compose plusieurs variantes sur le même texte et je laisse décanter celles-ci un long moment. Plus tard, il m'arrive de demander l'avis de proches dont je ne tiens, d'ailleurs, pas compte du tout ! » Réflexion formulée d'un air narquois et entendu.

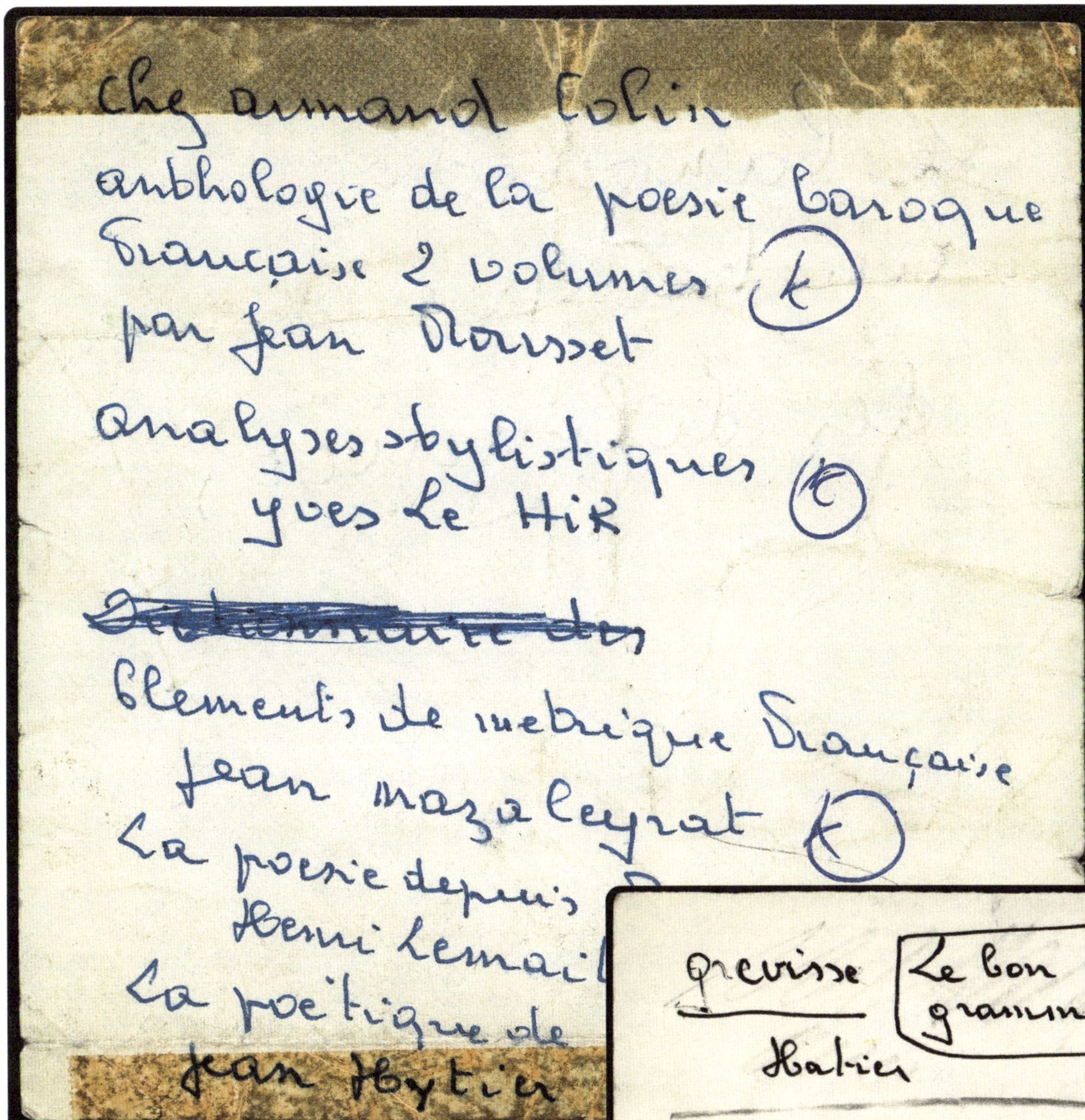

Chez armand Colin

anthologie de la poesie baroque
française 2 volumes (k)
par Jean Rousset

analyses stylistiques
yves Le Hir (k)

~~Dictionnaire des~~

Elements de metrique française
Jean Mazaleyrat (k)
La poesie depuis
Henri Lemai
La poétique de
Jean Hytier

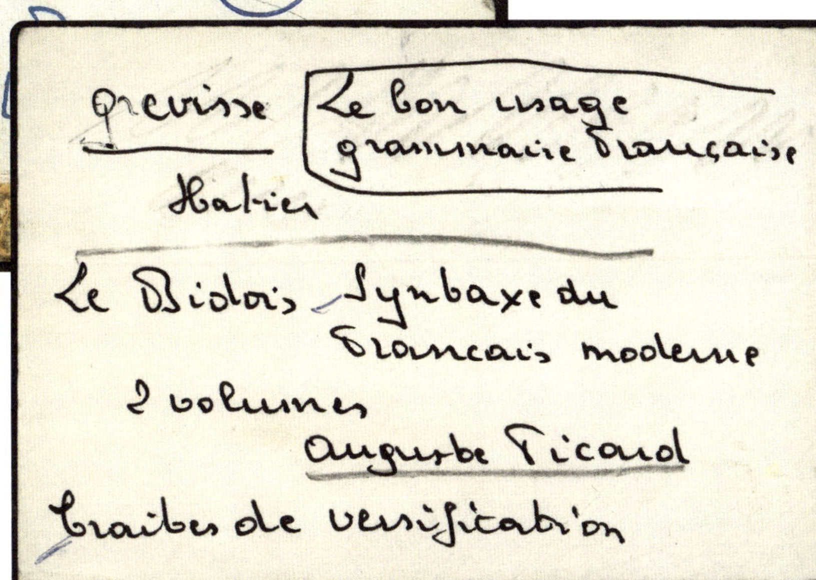

Grevisse — Le bon usage
grammaire française
Hatier

Le Bidois Syntaxe du
français moderne
2 volumes
Auguste Picard

Traités de versification

Pol Vandromme dans son livre *Brassens le petit père* écrit : « Le gros des victimes de la littérature se recrute parmi les victimes de l'instruction obligatoire. Les autodidactes savent mieux ce qui leur convient, du moins quand ils ne lisent pas pour apprendre mais pour se faire plaisir, pour que la sensibilité sorte de sa gangue. » Cela résume parfaitement ce que Brassens me disait souvent.

Poletti pourvoyeur de Brassens et celui-ci pourvoyeur de Devos

Au moment de mettre sous presse, j'apprends la disparition de Raymond Devos, grand ami de Georges. Les souvenirs affluent une fois encore… On sait que Brassens me chargeait de lui procurer des ouvrages pour lui et ses amis (parfois pour Raymond). En 1982, Püpchen m'avait demandé de l'accompagner à dîner chez Monsieur Meyerstein, ex-P.D.G de Philips, et j'y retrouve Monsieur et Madame Devos. À la fin du repas, le grand humoriste, après nous avoir donné la primeur d'un nouveau sketch, me déclare : « C'est extraordinaire comme Georges devinaient les livres qui m'étaient utiles et agréables et j'en ai fait souvent mon profit. » Plus tard, je suis convié à évoquer mes souvenirs sur Georges pour une émission de télé, ainsi que nombre de ses intimes : Jacques Canetti, Henri Colpi, Jean-Christophe Averty, Pierre Onténiente, Patachou et Raymond Devos, qui renouvelle alors les déclarations qu'il m'avait faites en privé.

La culture du « bon maître » ou Brassens et le beau langage

Quand je demandais à Georges les origines de ses connaissances, il me répondait : « Je suis un homme à demi-cultivé. » Ce n'était pas de la fausse modestie car il était conscient que sa culture littéraire reposait sur des bases autodidactes et qu'il avait volontairement négligé les sciences, l'histoire, etc. « Je me suis abîmé dans la lecture dès la sortie du collège [à Basdorf, il lisait un ou deux livres par nuit]. J'ai fréquenté assidûment les écrivains et les poètes de tout poil, les humoristes en particulier, et, bien sûr, les grammairiens. J'ai filtré et retenu ce qui me convenait. »

Avec l'abbé Barrès, ami de la famille Brassens.

Édouard Herriot disait : « La culture, c'est ce qui reste quand on a oublié tout ce qu'on a appris. » À l'inverse, on peut affirmer que, grâce à sa prodigieuse mémoire, Brassens nourrissait son savoir de tout ce qu'il retenait. Il dissertait avec aisance sur la littérature et le théâtre classique, notamment des différences entre Racine et Corneille… Dernièrement, j'ai retrouvé un livre que je lui avais procuré. Cet ouvrage me rappelle notre conversation du moment : « Georges, pour assouvir ma curiosité personnelle, j'aimerais que tu dresses une liste des auteurs que tu as fréquentés et aimés, ton "panthéon poétique" en quelque sorte. » « Prends ce volume et tu trouveras-là la réponse à ta question. Mais rachète m'en plusieurs exemplaires car je ne veux pas m'en laisser manquer » me répondit-il. Plus de trente ans plus tard, en relisant *Grammairiens et amateurs de beau langage* de Maurice Rat, paru en 1963, je mesure le plaisir qu'a pris Georges à sa lecture. L'auteur y dévoile l'évolution, au fil des siècles, de la langue française en compagnie d'auteurs majeurs. Brassens pourrait maintenant y trouver place.

Brassens éduque ses amis et perfectionne ses connaissances

Au domicile parisien de Georges, en présence d'un visiteur, la conversation roule, comme d'habitude, sur la chanson et la littérature. Nous écoutons, ravis, un cours magistral – véritable explication de texte – donné par Georges sur les *Lettres anglaises* et la *Correspondance* de Voltaire, auteur qu'il tient en haute estime. « Avez-vous lu ces ouvrages ? » demande-t-il. L'invité restant muet, Brassens monte dans sa chambre et revient avec les volumes en question. On entend craquer les marches sous ses pas, tandis qu'il récite par cœur, non pas Voltaire, mais *Ruy Blas* de Victor Hugo, autre écrivain de son panthéon personnel. Tout en remettant les quatre volumes de la Pléiade en cadeau à son interlocuteur, il me demande de lui procurer les mêmes rapidement, me faisant jouer mon traditionnel rôle de « pourvoyeur de livres ». La gourmandise littéraire de Georges n'avait d'égal que la crainte qu'il avait de manquer d'ouvrages pour les offrir à ses amis.

Lorsqu'il résidait rue Émile-Dubois, dans le XIVe arrondissement, à la fin des années 60, Georges eut envie de perfectionner son latin. Il me demanda de lui procurer une méthode Assimil sur bande sonore. Ce système nécessitait, bien sûr, un réembobinage. Quand je revins chez lui, je remarquai avec surprise que Georges avait remédié avec ingéniosité à cet inconvénient de la façon suivante : il faisait circuler la bande magnétique tout autour du meuble de la salle de séjour, sur de gros clous fixés aux quatre angles. Ainsi, la cassette tournait en continu et lui déversait à longueur de temps des déclinaisons et autres locutions dans la langue de Virgile et *ad libitum.*

Paul Léautaud, Marie Dormoy et Brassens

CHRISTIAN MARIN, MARIE DORMOY ET GEORGES.

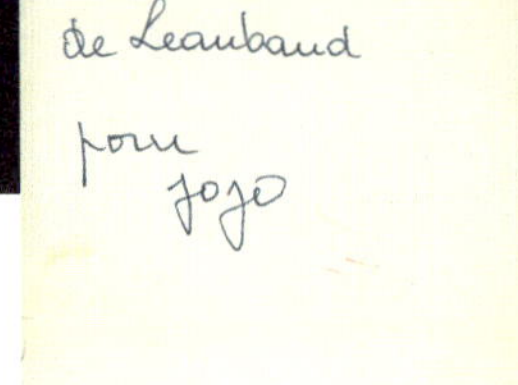

PETIT MOT DE « JOJO » À MON INTENTION.

Vers 1970, Brassens participa avec Marie Dormoy – l'égérie de Paul Léautaud – et le comédien Christian Marin, à une émission présentée par Michel Polac et consacrée au grand écrivain. Par la suite, Marie se rendit régulièrement chez Georges. De sa voix tout à la fois douce et pointue, elle nous contait des anecdotes concernant Léautaud et les écrivains familiers du Mercure de France au début du XXe siècle (Adolphe Van Bever, Alfred Vallette, Paul Valéry, Francis Jammes, André Gide, Marcel Schwob, Julien Benda, Colette, pour ne citer qu'eux.) À quatre-vingt cinq ans, Marie avait conservé une mémoire étonnante et Brassens, féru de littérature, l'écoutait religieusement… Bien qu'il n'ait jamais rencontré Léautaud, Georges lisait ses ouvrages, les relisait et les faisait connaître à ses amis. Les deux hommes partageaient une grande passion pour les animaux. L'écrivain, qui est demeuré toute sa vie en marge de la société, signait également, sous le pseudonyme de Maurice Boissard, des articles féroces en tant que critique théâtral. Si la pièce n'était pas bonne, Léautaud commençait sa chronique comme s'il relatait un banal fait divers ! C'est à Marie Dormoy que l'on doit la publication du célèbre *Journal littéraire* de Léautaud.

Au cours d'une rencontre rue Santos-Dumont, Brassens demanda à Marie Dormoy s'il pouvait enregistrer ses propos. L'accord se fit sans difficulté : Georges, René Fallet, Louis Nucera et moi-même l'avons ainsi écoutée, pendant plusieurs jours, évoquer sa jeunesse et ses relations avec l'ermite de Fontenay-aux-Roses. Brassens m'a offert ces bandes magnétiques qu'il serait bon de rendre publiques. Marie nous conduisit aussi au Mercure de France, rue de Condé, afin notamment de visiter le bureau que Léautaud occupa pendant de nombreuses années. Lorsque cette dernière nous avait reçu chez elle, dans le XIVe arrondissement, nous avions croisé un jeune garçon dans l'ascenseur qui avait demandé un autographe à Georges. Bien plus tard, nous apprîmes que le jeune homme était devenu le chanteur Renaud. Aujourd'hui encore, il se souvient avec émotion de cette rencontre.

Me revient également en mémoire une anecdote concernant les visites de Marie Dormoy, rue Santos-Dumont. Au cours d'une conversation, elle avait confié à Brassens qu'elle ne trouvait plus d'assureur pour sa

Christian Marin.

voiture. Nous en avions aisément compris la raison ! Lorsqu'elle se rendait là-bas, on pouvait immédiatement reconnaître son véhicule cabossé et bosselé. Ne trouvant pas de place pour stationner, elle montait sur le trottoir avec la voiture, les deux roues avant face à la maison ! Un jour, Georges glissa discrètement à son secrétaire : « Pierre, fais ton possible auprès de notre assurance pour que Marie puisse encore circuler. »

À son enterrement, c'est un prêtre ouvrier, arrivé en cyclomoteur à l'église, qui officia à la chapelle de la rue Raymond-Losserand. Fait rare, Georges était présent dans l'édifice et suscita bien sûr la curiosité. À la sortie, un attroupement s'était toutefois formé autour de Christian Marin, également présent et sous les feux de l'actualité télévisée, grâce au célèbre feuilleton *Les Chevaliers du ciel*. Georges lança alors à Christian : « Tu as signé plus d'autographes que moi, on pourrait en découdre sur le terrain ! »

Marie repose au cimetière du Montparnasse. Les enfants de Paul Valéry étaient venus lui rendre un ultime hommage, de même que Robert Mallet, alors recteur de l'Académie de Paris, et qui réalisa dans les années 50 les célèbres *Entretiens avec Paul Léautaud*.

L'enterrement d'Albert Simonin

Albert Simonin, écrivain et scénariste dans la lignée de Michel Audiard et d'Alphonse Boudard, avait comme eux une manière particulière de lier le français le plus pur à l'expression argotique. Il faisait partie des écrivains préférés de Georges Brassens, de même que certains auteurs quelque peu oubliés tels Alexandre Vialatte, Jacques Perret, Henri Calet, Claude Tillier, Charles Louis-Philippe, Gabriel Chevalier et quelques autres encore. Dans les années 70, j'assistais, au théâtre de la Madeleine, à une soirée organisée en l'honneur de Sacha Guitry. Le hasard m'avait placé non loin d'Albert Simonin à qui je fis part du vif intérêt que Brassens lui témoignait. Touché par cette marque d'attention, il me chargea de transmettre son meilleur souvenir au « bon maître ».

Plus tard, lors de l'enterrement de Simonin, nous nous retrouvons à Bagneux en présence de quelques amis. Au moment où Simonin est porté en terre, Georges, grâce à l'extraordinaire mémoire qui lui permettait de s'adapter spontanément à la situation de l'instant, se met à réciter, au grand étonnement de l'assistance, un texte du défunt extrait du *Savoir-vivre chez les truands*. En voici un passage tiré du chapitre « Des écueils à éviter dans la conversation », que Georges avait souligné à mon intention.

« Laissez proférer devant vous les bourdes les plus énormes, les insanités les plus échevelées, les contrevérités les plus flagrantes, sans protester ni rectifier. On ne convainc jamais personne, et surtout pas les branques. Contentez-vous, esgourdeur exemplaire, de rester attentif. Soyez libéral d'apparence, courtois, mal convaincu, ou, à l'extrême limite, dubitatif, mais jamais, au grand jamais, contradictoire. »

L'esprit de synthèse de Brassens

En 1969, Georges Brassens et René Fallet sont les invités de l'émission de télévision « Aujourd'hui Madame », en compagnie de cinq invitées (trois d'entre elles resteront d'ailleurs muettes d'émotion…). Georges est amené à parler de littérature, de poésie et de théâtre classique. Avec précision et brio, il fait un exposé rapide et comparatif entre Corneille, Molière, Racine et Marivaux. Son analyse est celle d'un fin connaisseur, bien qu'il ne soit jamais allé au théâtre. Durant cette émission, Georges tient en main l'*Anthologie de la poésie française* préfacée par André Gide. Publié dans la collection de la Pléiade, cet ouvrage comporte une très longue préface de l'auteur (quarante et une pages !). Brassens en a extrait les vingt-cinq lignes que voici :

« J'ai naturellement écouté mon goût. Je n'ai pas écouté que lui, me laissant instruire sans cesse. Ce goût que l'on peut croire infaillible de vingt à trente ans, tandis qu'il est alors plus flexible que les rameaux tendres, ce goût qui devrait aller s'épurant et s'affermissant avec l'âge, est devenu chez moi plus craintif. Je suis assez âgé maintenant pour avoir assisté à maintes substitutions dans le Panthéon poétique : l'adoration reste la même, mais ne s'adresse plus aux mêmes dieux. […] Chaque génération, lorsqu'elle s'élance dans la vie, juge avec assurance et fort discourtoisement parfois ce qui n'abonde pas dans son sens. […] Ayant assez vécu pour avoir vu se rejouer deux ou trois fois cette comédie, j'ai perdu de ma suffisance. »

Georges dans sa bibliothèque. À gauche : le père Sève, à droite le journaliste Pierre Bourdier et un visiteur.

Anecdotique

Après la parution de mon précédent livre, *Brassens l'ami*, et à la demande de mon éditeur, je parcours la France pour des séances de dédicaces chez les libraires. Quelques apparitions à la télévision, grâce à l'efficacité de mon attachée de presse, facilitent ces rencontres. Ces déplacements m'enchantent. C'est magique. Vingt ans après la disparition de Georges, un public chaleureux, enthousiaste, me presse de questions sur l'homme et le chanteur, si présent dans les mémoires. Des jeunes gens me demandent des dédicaces pour leurs parents et grands-parents ; des personnes de mon âge offrent l'album à leurs enfants et à leurs petits-enfants… Après chaque dédicace, la même petite phrase revient : « Quelle chance vous avez eue ! Vous rendez-vous compte ? » Oui… bien sûr !

J'agrémente chaque dédicace d'un commentaire sur l'ami Georges. Quel plaisir ! Un jour, je remarque deux jeunes femmes : l'une a le livre en main, l'autre se tient à l'écart. Un journaliste, qui m'avait précédemment interviewé, s'adresse à cette dernière : « Vous n'achetez pas le livre ? » « Je n'aime pas Brassens », répond-elle. « Mais vous aimez ses chansons », insiste le journaliste. « Je n'aime ni l'homme ni ses chansons ! » Le journaliste est interloqué car la situation est rare. Autour de nous apparaissent quelques sourires. Je fais signe à cette jeune femme entêtée de s'approcher. « Je suis d'accord avec vous » lui dis-je. « De plus, il faut que vous sachiez qu'il sentait mauvais ! » Hilarité générale.

La musique

Le jazz
Les influences

Brassens conservateur de la chanson

Georges, Mario et Claude Soualat.

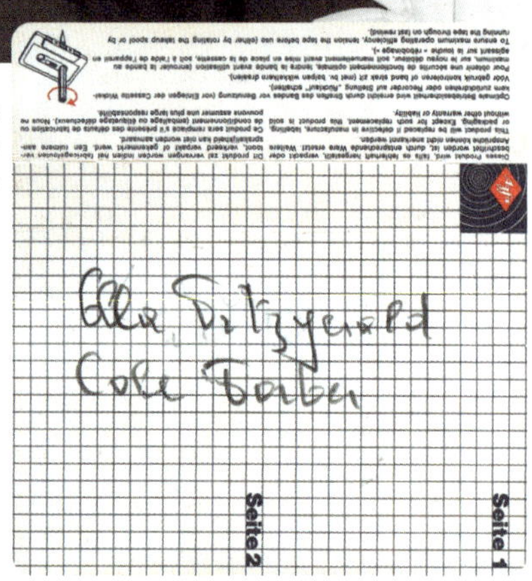

Bande magnétique que Georges m'enregistrait.

Georges connaissait par cœur quantité de chansons anciennes et possédaient des centaines d'enregistrements. Dans les années 70, l'industrie du disque réédita en vinyle « les chanteurs du temps passé ». Ayant appris que Brassens était en possession de bon nombre de « galettes » en excellent état, Gérard Trimbach, directeur artistique de Pathé-Marconi, contacta le « bon maître » qui accepta de les lui prêter, la firme ayant égaré les matrices en question. Avec un sourire entendu, Georges donna une consigne stricte à Trimbach : « Si tu me les perds, ce ne sera plus la peine de m'adresser la parole ! » Grâce à Georges, Gérard Trimbach reçut, plus tard, les félicitations de chanteurs oubliés, heureux de retrouver une certaine notoriété.

C'est également par son intermédiaire que Brassens fit la connaissance de Georges Tabet, avec qui il enregistra le disque *Georges Brassens chante les chansons de sa jeunesse* – disque qui fut produit au profit de l'association Perce Neige de Lino Ventura. De nos jours, Georges Tabet est oublié. Avec Jacques Pills, il avait formé un duo célèbre avant-guerre, interprétant les chansons de Mireille et de Jean Nohain. Brassens et Tabet entretinrent, de ce jour, de fréquentes conversations téléphoniques et ce fut le début d'une belle amitié. Georges, souhaitant que je connaisse Tabet, trouva un prétexte et me chargea de lui remettre un album de chansons anciennes qu'il lui avait dédicacé. Georges Tabet et son épouse Grace me reçurent à bras ouverts et je continuai à les fréquenter après la disparition de Brassens.

Sentant sa fin prochaine, Georges Tabet eut l'ultime délicatesse de m'offrir l'album de chansons qui avait occasionné notre première rencontre. Il y avait ajouté une deuxième dédicace à mon endroit. Je veux souligner ici l'intérêt et l'admiration que les deux Georges se témoignaient ; leurs points communs étaient nombreux. J'eus le bonheur de partager leur amitié, mais, hélas ! la douleur de les perdre tous deux beaucoup trop rapidement.

Brassens polyglotte

À l'école, Georges avait appris la langue allemande, qu'il eut l'occasion de perfectionner lors de son séjour obligé à Basdorf, au Service du travail obligatoire. Il maîtrisait aussi l'espagnol et enregistra plusieurs chansons en castillan. Pendant quelque temps, il voulut se perfectionner en anglais, langue qu'il avait également découvert au lycée. Brassens était passionné par le latin mais aussi par l'italien de par ses origines transalpines, tout comme les miennes. Il m'interpellait souvent « ex abrupto » :

« Stai attento, la piccola è molto fragile » ! À chaque fois, je demeurais dubitatif et me demandais : « Que veut-il me faire comprendre ? » Jusqu'au jour où, consultant, par hasard, l'Assimil italien-français, je découvris cette phrase en première leçon, à l'instar de « My tailor is rich » !

« Auprès de son arbre » en compagnie de Fred Mella et Marcel Amont.

Le jazz et le clou

L'une des dernières interviews que Georges ait accordées à Radio-France date de 1979 et fut réalisée à son domicile par Philippe Némo. France-Culture la diffusa. Tout à fait par hasard, je pus y assister. Philippe Némo, très brillant de par sa formation, mais peu connaisseur de l'œuvre de Brassens dit à Georges qu'il n'avait pas remarqué de « jazz » dans son œuvre. Georges insista très gentiment en disant que, très probablement, son interlocuteur avait mal entendu ou mal écouté, car il y avait du jazz dans la plupart de ses chansons. Dans un creux de conversation, on entendit une personne habitant non loin de chez Brassens planter un clou dans le mur. Georges en profita pour faire remarquer à son visiteur que la personne en train de planter son clou avait peut-être plus d'importance que l'interview elle-même !

En studio d'enregistrement dans les années 70.

La fidélité
et l'humanisme
du bonhomme

Brassens

Avec Pierre Louki, qui fit plusieurs fois la première partie du tour de chant de Georges.

Georges attentif aux autres

Brassens est souvent allé rendre visite à ses proches lorsqu'ils se trouvaient en difficulté. Il se montrait volontiers généreux et il a dépanné bon nombre d'amis ou d'artistes. Ce que l'on sait moins, c'est qu'il se déplaçait dans les hôpitaux, les maisons de repos, etc. Sa présence ne passait jamais inaperçue. Il était guidé par une fidélité légendaire à ses relations et amis, même les plus humbles, et apportait ainsi sa caution morale : le malade sortait de l'anonymat, était mieux entouré par le personnel soignant.

Brassens manifestait beaucoup d'attention envers les gens du spectacle, leur apportant chaleur et réconfort. Je me souviens d'un soir où Pierre Louki se produisait au théâtre Le Lucernaire. Pour faire salle comble, Georges avait battu le rappel, afin que l'artiste soit entouré d'amis et de proches, qui ne se quittèrent que fort tard dans la nuit, après le dîner offert par le « bon maître ».

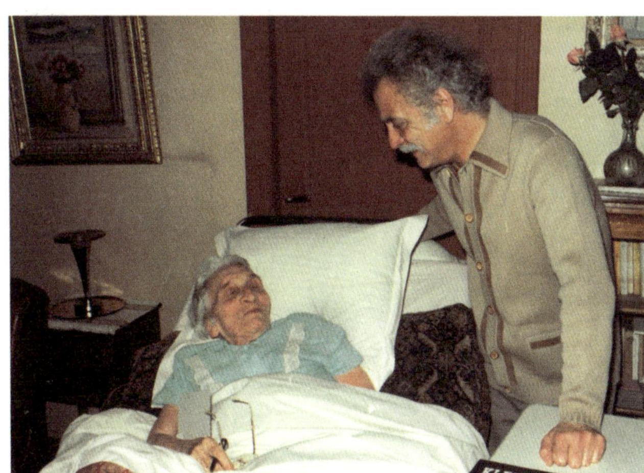

Au chevet de Madame Marquet, femme du peintre.

La probité de Brassens

Lors de la disparition de Jacques Brel, en 1978, Brassens est convié à lui rendre hommage à la télévision. Il récite, de mémoire, un quatrain qui me touche particulièrement. Le lendemain, je lui demande quel est l'auteur du texte. « Paul Fort » me dit-il. « Ce poème te ressemble. Il contient ta philosophie : la précarité de la vie et de ses aspects matériels, l'importance de la générosité envers son prochain. » Peu après, Germaine Paul Fort, dite « la Tourangelle », invite Brassens à Montlhéry pour la pose d'une stèle sur la tombe du poète, en présence de quelques intimes. Pour l'occasion, un jeune chanteur interprète une chanson élaborée à partir de ces fameux vers. Georges, pour ne pas concurrencer le jeune homme, abandonne l'idée d'intégrer ce texte à son répertoire. Il m'a dédié ces couplets et j'ai souhaité qu'Éric Zimmermann les mette en musique et les interprète. Il s'agit de : « Ne crois pas aux cimetières/Il faut nous aimer vivants/Il faut nous aimer sur terre/Ta poussière et ma poussière seront les jouets de vent. » Ce poème figure in extenso dans mon précédent livre, *Brassens l'ami*. Un cas similaire s'était déjà produit avec la chanson *L'Arc-en-ciel d'un quart d'heure*. Brassens avait en effet entendu à la radio que Pierre Perret avait traité le même thème, d'où son abandon du projet. Ce n'est que bien plus tard que Fred Mella l'a chantée sur une musique de Charles Aznavour.

Pierre Maguelon dit « Petit Bobo » et son épouse Claudine, en compagnie du cousin Georges Granier dit « Cocotte »

Correspondance de qualité

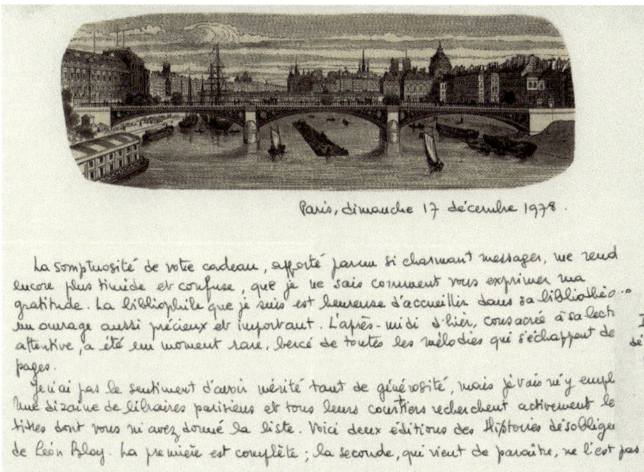

Paris, dimanche 17 décembre 1978.

La somptuosité de votre cadeau, apporté par un si charmant messager, me rend encore plus timide et confuse, que je ne sais comment vous exprimer ma gratitude. La bibliophile que je suis est heureuse d'accueillir dans sa bibliothè... un ouvrage aussi précieux et important. L'après-midi d'hier, consacré à sa lect... attentive, a été un moment rare, bercé de toutes les mélodies qui s'échappent de... pages.

Je n'ai pas le sentiment d'avoir mérité tant de générosité, mais je vais m'y empl... une dizaine de libraires parisiens et tous leurs courtiers recherchent activement le... titres dont vous m'avez donné la liste. Voici deux éditions des Histoires désobligea... de Léon Bloy. La première est complète ; la seconde, qui vient de paraître, ne l'est pas.

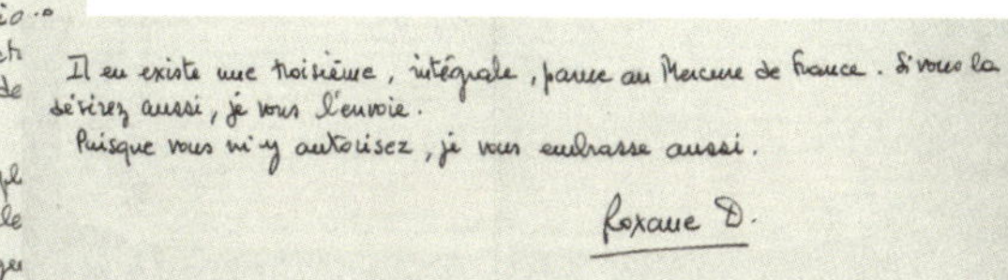

Il en existe une troisième, intégrale, parue au Mercure de France. Si vous la désirez aussi, je vous l'envoie.

Puisque vous m'y autorisez, je vous embrasse aussi.

Roxane D.

Roxane D., bibliophile reconnue sur la place de Paris, était, tout comme Georges, passionnée de l'histoire de la capitale. Ils s'échangeaient divers ouvrages sur ce sujet. Un jour, Brassens me chargea de lui apporter un livre. Elle le remercia par un courrier dont voici la reproduction. Le charme qui se dégage de cette très belle lettre m'incite à la porter à votre connaissance.

La parole de Georges

Au printemps 1981, je rends visite à Georges en compagnie de quelques amis. Le mal lui laissant un moment de répit, Brassens est enjoué. Détendu, charmeur dans sa conversation, il plaisante avec humour. Avant que je ne le quitte, il me montre un blouson jaune et vert réversible qu'il vient d'acheter et qu'il portera dans l'émission d'Évelyne Pagès Escale en Languedoc, quelques jours plus tard. « Il te plaît ? » me demande Georges. « Eh bien, je vais te procurer le même, je sais que nous avons sensiblement la même corpulence. » Les événements vont alors se précipiter jusqu'à ce triste jour d'octobre 1981. Quelque temps après, je me trouve à Saint-Gély du Fesc, chez le docteur Bousquet, dans la maison où Georges a vécu ses derniers jours. Monique, la maîtresse de maison, s'exclame : « Ah ! c'est donc vous Mario… Vous savez que depuis son arrivée à la maison, Georges n'a eu de cesse de trouver pour vous le blouson qu'il vous avait promis. J'en ai visité des magasins à Béziers, Montpellier et Sète, mais je n'ai jamais pu trouver le même ! » Cette révélation me laisse pantois. Je mesure alors l'amitié qu'il me portait. Georges se savait perdu, mais il avait promis.

PARTITION, DÉBUT DES ANNÉES 60.

La précarité de la vie

La fuite du temps
La maladie

Ses ennuis de santé n'altéraient pas sa force…

La vérité sur **la « maladie de la pierre »** de Brassens

De fausses informations ont toujours circulé sur la santé de Georges. En 1965, une certaine presse avait annoncé la mort prochaine du poète, due à « un mal dont on cache le nom ». Il avait répliqué : « C'est nettement prématuré ! » Lors de sa disparition, en 1981, beaucoup ont cru que les coliques néphrétiques l'avaient emporté. Cette photographie témoigne qu'il conservait néanmoins la pleine possession de ses moyens. La chanson *Le Bulletin de santé* est née de ces informations erronées.

À la vérité, depuis l'âge de 25 ans, Georges souffrait de calculs rénaux et la persistance des douleurs le conduisirent deux fois sur la table d'opération. Ce fut d'abord pour l'extraction de calculs, en 1962. Deux ans plus tard, le professeur C. lui posa une sonde urétérale afin d'éviter la formation de « pierres » dans le rein. Depuis lors, il ne souffrit plus de cette maladie. Ces précisions peuvent paraître superflues pour le grand public, la chirurgie n'ayant rien changé à la valeur de l'artiste. Cependant, on peut se demander si les souffrances qu'il endura n'ont pas développé son humanisme, modifié sa sensibilité et influencé fortement son œuvre… Terminons par cette anecdote. Un jour, Georges s'ouvrait de son mal auprès de Francis Blanche, formulant l'hypothèse que sa maladie était peut-être d'origine psychique. Son interlocuteur lui répondit : « Le calcul mental c'est bien connu ! »

Propos sur **la camarde...**

Avant ou après déjeuner, rue Santos-Dumont, Georges aborde souvent le thème de la mort en présence de Püpchen, avec un grand luxe de détails macabres. Ce sujet hérisse cette dernière contrairement à son compagnon qui, depuis toujours, est réaliste sur la précarité de la condition humaine. « Je veux bien admettre que l'idée de parler de la camarde te rebute, mais il faut te rendre à l'évidence : tout disparaîtra de nous. » À ce moment, il tend la main gauche ouverte et dit : « Un jour, il ne restera plus rien de cela ! » Je lui rappelle qu'on parlera encore de lui dans l'avenir, alors que moi je ne serai plus que la poussière du temps. « Cela me fera un beau tibia ! » me rétorque-t-il.

Georges, qui savait de quoi il parlait quant aux « crânes terreux », s'était fait radiographier la tête afin de posséder une image de son propre chef.

Brouillon d'une chanson non achevée intitulée *Vacances dans l'au-delà.*

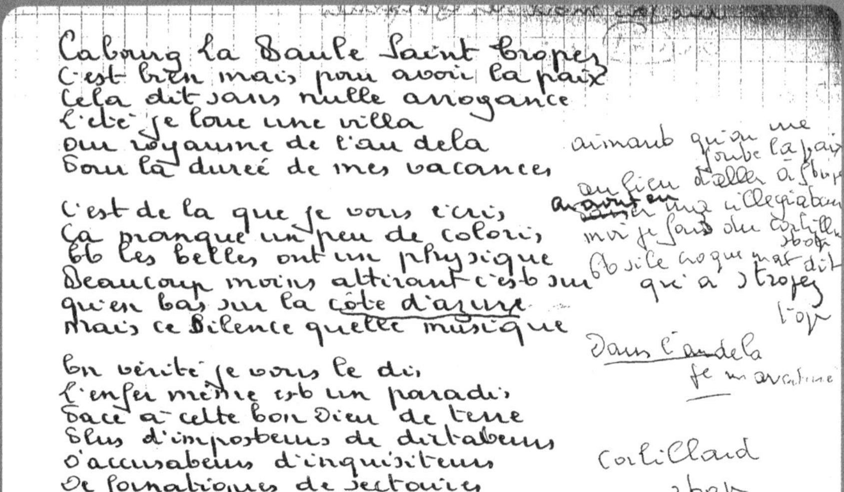
Cabourg la Baule Saint Tropez
C'est bien mais pour avoir la paix
Cela dit sans nulle arrogance
L'été je loue une villa
Au royaume de l'au dela
Pour la durée de mes vacances

C'est de là que je vous écris
Ça manque un peu de coloris
BB les belles ont un physique
Beaucoup moins attirant c'est sur
Qu'en bas sur la côte d'azur
Mais ce silence quelle musique

En vérité je vous le dis
L'enfer même est un paradis
Face à cette bon Dieu de terre
Plus d'imposteurs de dictateurs
D'accusateurs d'inquisiteurs
De fanatiques de sectaires

Parmi les celestes bosquets
On voit les chevaliers du guet
BB François Villon rire aux larmes
En evoquant le temps lointain
Où dans le vieux pays latin
Ils jouaient aux voleurs gendarmes

On voit n'en croyant pas ses yeux
Le cardinal de Richelieu
Grimper lui même à une échelle
Avec un sac à provisions
Pour sauver de l'inanition
Les pauvres filles de la rochelle

On voit Robespierre et Danton
Le père Duchesne et Couthon
Louis seize et autres vedettes
Tuant le temps d'éternité
En jouant avec aménité (sportivité)
Au baskett ball avec leurs bébés

On voit de braves troubadours
Dédiant à la Pompadour
Des chansons tout à fait gentilles
Oublieux du triste passé
Ou pour quatre vers deplacés
Elle les jetait en Bastille

Dans l'au dela
Corbillard
anachronisme

I

Les enfants qui chapardent des cranes terreux
Dans le charnier des cimetières de province
Ne pourront plus jamais dire qu'on les évince
Du langage des Dieux.

Bien loin d'agir à la légère
Comme affirment les faux témoins
Ils apportent beaucoup de soin
A la mise au point
De l'affaire
Les enfants qui chapardent des cranes terreux

Au fond de leur grenier poudreux
Dont on a voilé la lucarne
Pour barrer le passage aux regards indiscrets
Sans la moindre plainte ils s'acharnent
Sur des monceaux de documents secrets
Avec tant d'orgies
De bougies
Que le marchand de cire en est
Tout étonné

Un beau jour gris le stratège se lève et, grave,
Leur dit " Mes braves

II

L'heure a sonné "

Vêtus de Macfarlanes amples
– Caches classiques du butin.
Ils se mettent en marche insignes paladins
Et si par hasard l'un d'eux tremble
Ce n'est pas d'effroi
Mais de froid
Tel ce guillotiné dont la littérature
Leur conta la mésaventure.

Ils arborent avec orgueil
A l'endroit de la boutonnière
Un petit morceau de cercueil
Fruit d'une croisade dernière

Merveilleusement surs
De bien mener leur barque
Ils mettent le cap sur
L'océan de la Parque.
Au reste, dans le port
Déjà hors
De portée
Ils se savent des soeurs, parfois des fiancées
Qui pour leur éviter le pire
Prient
Pour eux.

III

Se plonger dans le trou pullulant d'araignées
N'en déplaise aux craneurs c'est assez dangereux
Et plus qu'on ne suppose ils ont l'âme soignée
Les enfants qui chapardent des cranes terreux.

En voulez vous des têtes de mort ! Une, deux,
trois, quatre, dix, vingt, cent, bien faites ou mal faite
Nom d'une pipe en voulez vous des têtes !

Celle ci
Pour Lola
Pour Nancy
Celle là
Et la belle là bas au frontal de prophète
Avec encore une touffe de poils
Pour notre ami Marcel Lepoil
Qui ne put être de la fête.

Les enfants qui chapardent des cranes terreux
Dans le charnier des cimetières de province
Connaissent la fontaine isolée où l'on rince
Les macabres larcins à l'abri des curieux.

Voici les filles d'Eve à qui par cent détours
On révèle les arcanes de l'ossuaire
A qui l'on offre des petits bouts de suaire

Enfant, Georges passait le jeudi après-midi avec sa mère au cimetière Le Py (appelé le « ramassis ») et s'amusait avec les crânes des tombes relevées.

Brassens,

que d'interprétations abusives les plumitifs commettent en ton nom !

Dans l'entourage de Brassens, dont j'ai fait partie pendant deux décennies, évoluaient des amis et relations d'origines différentes. Je crois savoir que ceux-ci n'ont jamais, au grand jamais, soupçonné chez Georges une once de religiosité, même si les Évangiles figuraient, entre autres, parmi ses lectures et qu'il était imprégné, comme beaucoup d'entre nous, par une culture judéo-chrétienne. Cependant, l'ambiance, dans le privé, revêtait plus un caractère humoristique qu'une tendance au recueillement métaphysique, comme en témoigne le manuscrit reproduit ici.

Il serait vain et quelque peu déplacé de confondre sa pensée spirituelle et ses qualités d'homme altruiste, débordant de générosité, avec une appartenance à une religion, lui qui a toujours stigmatisé les dogmes de toutes sortes. Conscient de notre devenir, il s'efforçait avant tout de répandre autour de lui – mais toujours avec pudeur et retenue – l'amitié, l'affection et l'amour. Sa prédisposition pour les thèses de l'anarchie l'amenait, naturellement, à conduire sa vie en libre-penseur, en libertaire épris de tolérance. Sans confusion possible avec des préceptes religieux. Brassens n'adhérait ni aux églises, ni aux pouvoirs ! Mais, depuis ses débuts, parmi ceux qui n'ont jamais fréquenté Brassens, certains « récupèrent » sa pensée dans le but de l'accommoder à leur guise dans des extrapolations oiseuses et mercantiles.

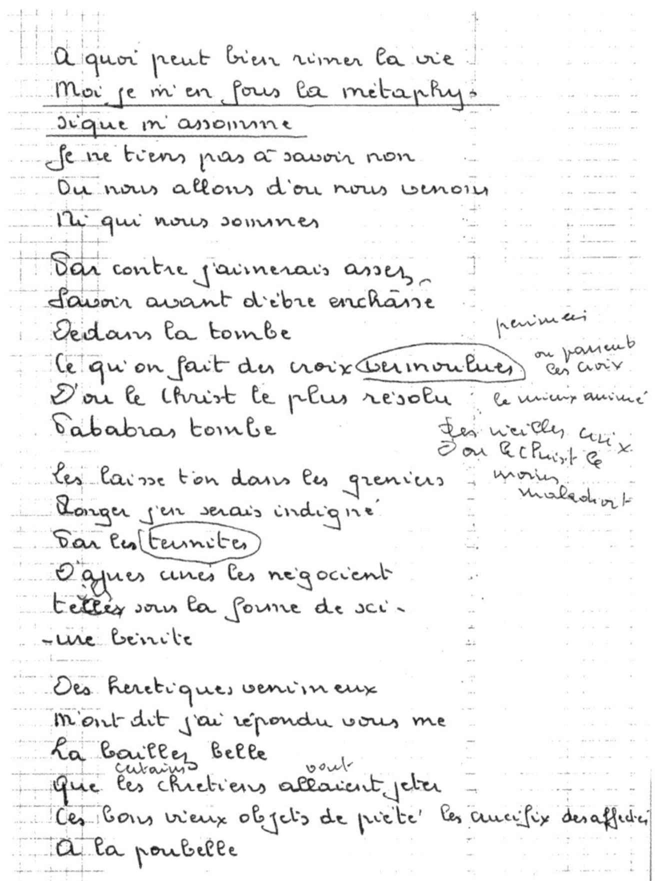
A quoi peut bien rimer la vie
Moi je m'en fous la métaphy-
sique m'assomme
Je ne tiens pas à savoir non
Où nous allons d'où nous venons
Ni qui nous sommes

Par contre j'aimerais assez
Savoir avant d'être enchâssé
Dedans la tombe
Ce qu'on fait des croix vermoulues (périmées / ou pourrissent les croix)
D'où le Christ le plus résolu (le mieux animé)
Sababras tombe (Les vieilles croix / D'où le Christ le moins maladroit)

Les laisse-t-on dans les greniers
Ronger j'en serais indigné
Par les termites
Qqques unes les négocient
(ils) telles sous la forme de sci-
-ure bénite

Des hérétiques venimeux
M'ont dit j'ai répondu vous me
La baillez belle
Que (certains) les chrétiens (vont) allaient jeter
Ces bons vieux objets de piété les crucifix désaffectés
A la poubelle

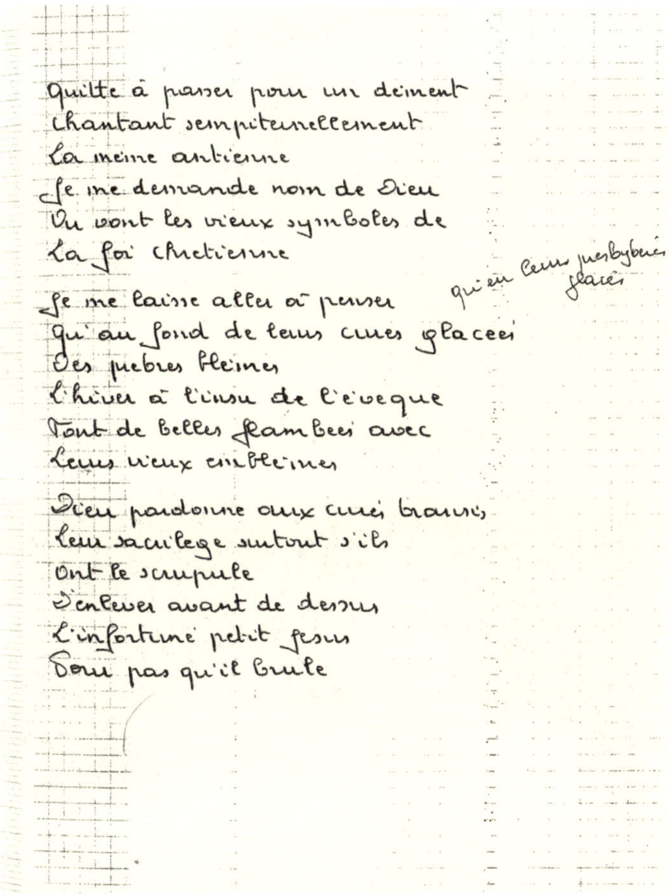

Quitte à passer pour un dément
Chantant sempiternellement
La même antienne
Je me demande nom de Dieu
Où vont les vieux symboles de
La foi chrétienne

Je me laisse aller à penser
Qu'au fond de leurs cures glacées
Des prêtres blêmes
L'hiver à l'insu de l'évêque
Font de belles flambées avec
Leurs vieux emblèmes

Dieu pardonne aux curés braves
Leur sacrilège surtout s'ils
Ont le scrupule
D'enlever avant de dessus
L'infortuné petit Jésus
Pour pas qu'il brûle

qu'en leurs presbytères glacés

BROUILLON D'UNE CHANSON NON ACHEVÉE, RESTÉE SANS TITRE.

Georges
m'annonce sa disparition prochaine

C'est pendant ses avant-dernières vacances à Lézardrieux, en août 1980, que Georges ressent les premiers symptômes de la maladie qui va l'emporter. De retour à Paris, il est admis à l'Hôpital américain de Neuilly ; afin de rester anonyme, il se fait appeler Monsieur Georges. Seul son ami d'enfance Roger Abat lui rend visite. Après l'opération, dès son retour chez lui, il me téléphone et me prie de venir très rapidement le voir. Une infirmière a été détachée de l'hôpital afin de le soigner.

Je le revois pour la première fois depuis les vacances et le trouve amaigri. Dès mon arrivée, il me demande de le suivre au rez-de-chaussée et me dit : « Il me reste entre une et trois années à vivre. » Je reste pétrifié, anéanti, sans réaction. Il me demande de n'en parler à personne. Nous sommes en novembre 1980. Je me refuse à croire à sa disparition. Hélas, un an après…

« Depuis, le **never more** m'est insupportable. »

Vaison-la-Romaine

Je tiens ici à rendre hommage et à remercier, pour son dévouement et son attachement à Georges, l'organisateur du Festival Georges Brassens de Vaison-la-Romaine, Georges Boulard, qui l'anime avec ferveur depuis plusieurs années. Grâce à lui, l'engouement pour ce Festival va croissant et participe à l'élargissement de l'intérêt que suscite Brassens, même au-delà des frontières.

Georges Boulard.

Georges Boulard et Émile Miramont dit « Corne d'aurochs ».

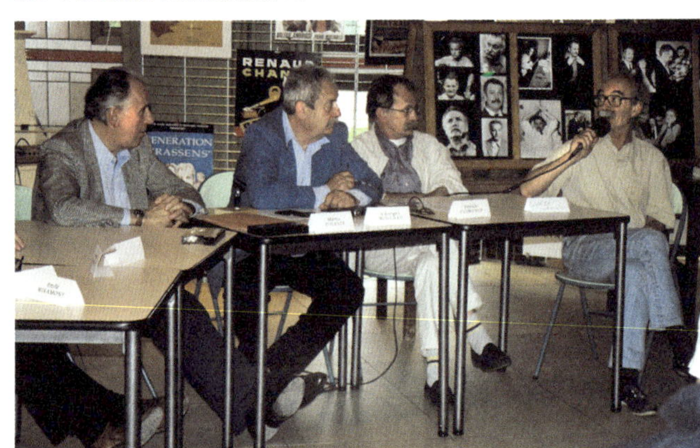

Mario, Georges Boulard, Patrick Clémence et Claude Wargnier, à Vaison-la-Romaine.

De haut en bas et de gauche à droite :
Georges Granier, Josée Stroobants,
Mario, Bernard Lavalette,
Christian Marin, Georges Boulard,
Scanapieco, Émile Miramont,
René Iskin et Pierre Onténiente
entourant un Brassens presque vivant…

Georges Boulard, Lucienne et Pierre Onténiente
avec votre serviteur, sous le regard bienveillant
du « bon maître », à l'impasse Florimont.

Pour conclure, citons Alain Savary :
« Aux êtres d'exception, c'est de leur vivant
qu'il faut leur dire qu'ils ont du talent »,

puis Yvan Audouard :
« Par une grâce que le ciel n'accorde qu'aux poètes,
plus il vieillissait, plus il devenait beau…
il commençait à se ressembler »

et enfin le philosophe Alain :
« Admiration, lumière de l'esprit. »

À Sète en 1981. Fidèle parmi les fidèles, secrétaire modèle, homme de confiance, qui trente ans durant a servi Brassens, Pierre Onténiente dit « Gibraltar », continue de se dévouer corps et âme en souvenir de l'ami très cher.

Gibraltar dans les années 1956-1960.

Remerciements à

Serge et Martine Cazzani pour leur gentillesse

Pierre et Lucienne † Onténiente pour leur fidélité

Marc Stinat pour son dévouement

Monique Kermel pour son aide

Éric Battista, Pierre Cordier, Jimmy Rague
et Josée Stroobants pour leurs documents

Claude Le Gallo pour ses dessins

Ma gratitude va également à...

Roger Abat †

Jacques Forest

Hervé des Hameaux

René Iskin †

Claude et Jacques Lanfranchi

Lionel Lévêque

Christian Marin

Fred et Suzanne Mella

Suzanne Nucera

Jean-Michel Pansard

Maurille Prévost

Claude Sudre †

Si trois générations ont été nourries de chansons
et de poèmes éternels, nous le devons
à un homme d'une grande discrétion,
qui en 1952, a révélé Georges Brassens :

Victor Laville.

Crédits photographiques :

Collection famille Brassens : 22, 23, 24, 28, 29, 30d, 31bd, 33, 34, 35, 36, 37bd, 38, 39, 41bd, 43, 45bg et m, 48, 118, 190b ; photos Suzanne Nucera : 73h, 93bd, 114, 115, 116 ; photos Pierre Pennequin : 4, 65 ; photo Jimmy Rague : 190h ; collection Claude Richard : 10bd, 13, 14, 15, 17h, 32g, 46hg et bg, 47bd, 72hd et bd, 74, 75, 181b ; collection particulière : 27 ; DR : 10, 16, 19, 25h, 40bd, 42h, 45hg, 45hd, 45bd, 46bd, 47bg, 52-53, 54, 55, 56, 59, 60, 61, 66, 67bg, 69hg, 71h, 76, 77, 78b, 86, 89d, 91bd, 93hg, 97g, 119, 142, 144, 147h, 152, 153, 158bg, 162.

Dépôt légal : octobre 2006
ISBN : 2080116355
Imprimé en Italie
par G. Canale & C. S.p.A., Turin